新・名字の言
選集

〈新時代編 ③〉

聖教新聞社・編

鳳書院

太陽に向かって、凛と咲くコスモス。地域に世界に、幸福の花園を広げる女性の連帯のように

新《しん》・名字《みょうじ》の言《げん》 選集《せんしゅう》

〈新時代編3〉

「はじめに」にかえて

箱根駅伝　創価大学が準優勝！

２０２１・１・７

最後の最後まで目が離《はな》せなかった人も多かっただろう。新春を飾《かざ》る箱根駅伝。創価大学は4回目の出場で、初の往路優勝《おうろゆうしょう》と総合準優勝に輝《かがや》いた。

ネット等で話題になったが、テレビアナウンサーの実況《じっきょう》も心に残った。創大の最終走者がゴールする直前の時の言葉。「目標は総合3位でした。目標達成とみれば、うれしい準優勝。ただ、悔《くや》しい準優勝となったか」。そして、「『2位で悔しい』と思えるチームになった！」と。

創大走者が口々《くちぐち》に語っていた言葉がある。「タイムが走るのではない。人が走るんだ」との榎木和貴《えのきかずたか》監督《かんとく》の言葉だ。上位10人の1万《メートル》の平均タイムは、出場した全21チーム中、創大は13番目。しかし、厳《きび》しい練習を重《かさ》ねた自分たちの力《ちから》を信じ、力を出し切ったからこそ、今回のドラマは生まれた。

言葉には温度がある。自分のことを思っている言葉を聞けば、心は温かくなる。他者を顧《かえり》みない自己中心的な言葉を聞けば、心は冷たくなる。言葉の温度が言葉の力であり、温度は言葉を発《はっ》する人の「相手を思う気持ち」の強さで決まる。

限界の壁《かべ》を突破《とっぱ》した全走者が勝利者とたたえられる箱根駅伝。若人《わこうど》に勇気をもらった新しい一年、私たちも「今年こそは！」との決意で、「未来までの・ものがたり」（御書１０８６《ページ》）をつづりたい。

「勝負の10年」

２０２１・１・16

創価大学がかつて、箱根駅伝への挑戦《ちょうせん》を本格的に開始した年のこと。創立者の池田先生は予選会の出場メンバーらに句《く》を贈《おく》った。

「君の種《たね》　創価の大道《だいどう》　十年後」

それから10年余を経《へ》て、同大の選手が関東学連選抜《せんばつ》の一人として箱根路《じ》を力走。さらにその12年後、ついにチームとして初出場を果《は》たした。あの日の〝種〟は芽《め》を出し、幾《いく》たびもの風雨《ふうう》に耐《た》え抜《ぬ》き、仰《あお》ぎ見《み》る樹木《じゅもく》へと成長した。その木は今年、一段《いちだん》と大きな花を咲《さ》かせ、多くの人に感動を届《とど》けた。

「十年一剣《いっけん》を磨《みが》く」という言葉がある。来《きた》るべき時のため、ひたすらに精進《しょうじん》していく心構《こころがま》えを説いている。何事も一流となるには、その道を究《きわ》めるための、たゆまぬ鍛錬《たんれん》が欠《か》かせない。この〝徹《てっ》する生き方〟によって、技量《ぎりょう》は高められていく。

とはいえ、その道中《どうちゅう》には、向かい風も険《けわ》しい坂道もある。そんな時こそ、険《けん》難《なん》を乗《の》り越《こ》えゆく自身の生命力《せいめいりょく》の強さが試《ため》される。池田先生は「『生命力』とは、未来を信じる力《ちから》、そして希望を日々新《あら》たにし続ける力の異名《いみょう》」と教えている。

私たちは今、「勝負の10年」と決めて、学会創立《そうりつ》100周年の2030年へ走りだした。自身の人間革命と人類の宿命転換《しゅくめいてんかん》の大道を開《ひら》くという〝未来への一念《いちねん》〟を胸に、目下《もっか》の課題に立ち向かっていこう。

新・名字の言 選集〈新時代編3〉――目次

凡例

一、本書は、「聖教新聞」のコラム「名字の言」のうち、次の期間に掲載された作品を対象に精選しました。

・２０１８年１月１日～12月29日

・２０１９年１月１日～12月29日

・２０２０年６月１日～12月29日（同年5月31日までの作品は〈新時代編２〉に収録）

・２０２１年１月１日～３月31日

一、精選した作品を７つのテーマ別に章立てました。各章ごとに時系列に収めています。ただし、第７章は「平和」「教育」「人権」の３つに分け、時系列でまとめました。

一、本文中の振りがなの表記・箇所は、紙面の掲載時に合わせています。

一、本文中、御書の引用は、『新編　日蓮大聖人御書全集』（創価学会版、第二六六刷）を（御書○○ページ）と表記しました。

口絵の写真●©Sally B./PIXTA
装幀・DTP●澤井慶子

本書の対象年の主な出来事

2018年

	＊池田先生卒寿（1月2日、90歳）
	3・16「広宣流布記念の日」60周年
	小説『新・人間革命』全30巻が完結（9月8日）
	「広宣流布大誓堂」完成5周年（11月）
2月	平昌（ピョンチャン）五輪・パラリンピック
5月	藤井聡太棋士、最年少で七段に
6月	大阪府北部地震／惑星探査機はやぶさ2、小惑星リュウグウに到着／働き方改革関連法が成立
7月	平成30年7月豪雨／サッカーW杯、日本代表16強
8月	大阪桐蔭、2度目の高校野球春夏連覇
9月	大型台風が大阪を直撃／北海道胆振（いぶり）東部地震
	テニス・大坂なおみ選手、全米オープン優勝
10月	豊洲市場オープン

2019年

	＊「創価学会 世界聖教会館」が開館（11月18日）
3月	米大リーグ・マリナーズのイチロー選手が引退
4月	統一地方選挙
5月	新元号「令和」がスタート
7月	参議院選挙
8月	ゴルフ・渋野日向子選手、全英女子オープン優勝
9月	ラグビーW杯日本大会、日本代表8強
10月	消費税率10％スタート／東日本で台風大雨被害
	沖縄・首里城が焼失

本書の対象年の主な出来事

2020年

	＊池田先生第３代会長就任60周年（５月３日）
	創価学会創立90周年（11月18日）
１月	阪神・淡路大震災から25年／「チバニアン」正式決定
★新型コロナウイルスが世界中に蔓延	
２月	クルーズ船、横浜港に停泊
３月	全小中高、一斉休校／ WHO、パンデミックを宣言
	春の選抜高校野球中止、東京五輪・パラリンピックの
	１年延期を決定／地下鉄サリン事件から25年
４月	緊急事態宣言を発出
５月	夏の全国高校野球中止を決定
	ブルーインパルスが医療従事者へエールの飛行
７月	レジ袋有料化／令和２年７月豪雨、九州を直撃
	大相撲・照ノ富士、７月場所で復活優勝
８月	終戦75年
10月	アニメ映画「鬼滅の刃」公開、国内外で大ヒット

2021年（3月まで）

	＊日蓮大聖人御聖誕800年（２月16日）
１月	箱根駅伝、創価大学が往路初優勝・総合準優勝
	バイデン米大統領就任／核兵器禁止条約が発効
２月	国内のワクチン接種スタート
３月	東日本大震災から10年
	春の選抜高校野球、２年ぶりに開幕

第1章

つなぐ

――コロナ禍《か》を生きる

新型コロナウイルス感染症が世界に与えた最も大きな影響が「分断」ならば、コロナ禍を生きる私たちは、希望を、信頼を、友情を「つなぐ」一人ひとりでありたい。

胸中《きょうちゅう》の〝宝《たから》〟は誰も奪《うば》えない

2020・6・1

栃木・作新《さくしん》学院硬式《こうしき》野球部の小針崇宏《こばりたかひろ》監督《かんとく》が本紙「トーク」に登場した。チームの合言葉《あいことば》は「環境《かんきょう》と習慣」。良い環境は、良い習慣、良い人を生《う》む。例《たと》えば、県大会優勝《ゆうしょう》の翌日は、ごみ拾《ひろ》いから始めるという。掃除《そうじ》しながら近隣《きんりん》の方々《かたがた》に感謝を伝える球児たち。「この人たちのため」との思いが力《ちから》になる。

ある高校野球の指導者から「生活即《そく》野球」という信条《しんじょう》を伺《うかが》ったことがある。ごみが落ちていれば拾い、トイレのスリッパを脱《ぬ》いだらそろえる。勉強にも手を抜《ぬ》かない。グラウンド外《がい》の姿《すがた》がプレーに表《あらわ》れる。生活も一流、野球の技術も一流のチームこそ甲子園《こうしえん》にふさわしい。

その大会が夏も中止になった。選手らの落胆《らくたん》は察《さっ》するに余《あま》りある。しかし大会はなくなっても、なくならないものがある。大切な時の集中力。諦《あきら》めない心。仲間を思うチームワーク。努力する習慣……。

かつて創立者の池田先生は学園生に「戦いは、時の運です。ちょっとしたことから、どのように展開《てんかい》するかわからないものです。しかし、命をかけた戦いをしていくなかに、道は開《ひら》けていくものです」と。命をかけて築かれた胸中《きょうちゅう》の〝宝《たから》の塔《とう》〟は誰人《たれびと》も奪《うば》えない。

6月、人々が少しずつ動き始める。頑張《がんば》ってきた友の未来が、栄光へと開かれていくことを心から祈りたい。

「当たり前」に感謝を伝えよう

2020・6・5

海外の報道番組で、専門家《せんもんか》が自宅からオンラインで出演していた時のこと。後方から突然《とつぜん》、幼《おさな》い子ども2人が〝登場〟。慌《あわ》てて母親が駆《か》け込《こ》み、子どもたちを連《つ》れていった。この光景《こうけい》がほほ笑《え》ましいと、動画は数多く再生され、話題となった。

テレワークが進み、オンライン会議なども増《ふ》えた。ただ家庭で行う際《さい》は〝画面に映《うつ》らない部分〟にも配慮《はいりょ》したい。同居する家族は部屋に入《はい》れないし、大きな音を立てないよう気を使っているものだ。

青年部を中心に取り組むオンラインの会合も、家族の協力があってこその企《き》画《かく》。ある男子部リーダーは、手紙での激励《げきれい》にも力《ちから》を入れ、友の家族への感謝も添《そ》えるようにしている。手紙の内容を知った家庭の中で、互いに感謝の言葉を掛《か》け合うきっかけにもなったそうだ。「ちょっとしたことですが、メンバーとの絆《きずな》が一段《いちだん》と強まっていることを実感します」と。

「ありがとう」の反対の言葉は「当たり前」といわれる。確かに、〝してもらって当たり前〟と受け止める姿勢《しせい》は「感謝」とは正反対だろう。相手の立場に立って考える余裕《よゆう》をもちたい。

コロナ禍《か》によって、さまざまな「当たり前」が、実は「有《あ》り難《がた》い」ことであったと知ることができた。一つ一つの真心に、一つ一つ感謝を伝えよう。

自分だけの幸福も自国だけの平和もない

2020・6・6

他者を思いやる心や振《ふ》る舞《ま》いが、どれほど自身の生命に影響《えいきょう》を及《およ》ぼすか。あの過酷《かこく》なナチス収容所《しゅうようじょ》の中で、奇跡的《きせきてき》に生き抜《ぬ》いた人々を調査した結果がある。それによると、生存者《せいぞんしゃ》のうち82％もの人が、餓死《がし》寸前《すんぜん》になっても、わずかな食料を分け合うなどして、「周りの人たちを助けたいと思った」というのだ（ケリー・マクゴニガル『スタンフォードのストレスを力《ちから》に変える教科書』神崎朗子《あきこ》訳、だいわ文庫）。

もちろん極限状態《きょくげんじょうたい》に置かれた人々の体験は、軽々《かるがる》しく論《ろん》じられるものではない。

が、それほど重い事実ゆえに、「人類の教訓」であることは間違いないだろう。

近年の度重《たびかさ》なる自然災害、そして未曽有《みぞう》のコロナ禍《か》を経験し、強く実感したことがある。それは〝自分だけの幸福や安全もなければ、自国だけの平和もない〟ということだ。

きょう、生誕《せいたん》149周年を迎《むか》えた初代会長の牧口常三郎先生は、軍事力や経《けい》済力《ざいりょく》を競《きそ》う時代から「人道的《じんどうてき》競争」の時代に転換《てんかん》する重要性を訴《うった》えた。他を押《お》しのけて己《おのれ》を利《り》する――その生き方の先には、人間の真の幸福も、国や地域の永続的な繁栄《はんえい》もない。

他者に尽《つ》くせば尽くすほど、自身の生命力《せいめいりょく》が増《ま》す。自《みずか》らも栄《さか》える。これが菩《ぼ》薩道《さつどう》の妙《みょう》。自他共《じたとも》の幸福を目指す挑戦《ちょうせん》と連帯で、「人道的競争」をリードしていきたい。

分《ぶん》断《だん》を乗り越える人間の「信頼感《しんらいかん》」

2020・6・8

「ウルトラマン」シリーズを彩《いろど》る個性豊《ゆた》かな怪獣《かいじゅう》たち。見た目もさることながら、地球を侵略《しんりゃく》する手段《しゅだん》も実《じつ》に多様《たよう》だ。「ウルトラセブン」に登場するメトロン星人は、人間同士の「信頼感《しんらいかん》」に目を付けた。

人間を凶暴《きょうぼう》化させる物質を社会に拡散《かくさん》させ、互《たが》いの関係を壊《こわ》そうともくろむメトロン星人。潜伏《せんぷく》するアパートでちゃぶ台の前に座《すわ》り、自《みずか》らの陰謀《いんぼう》を語る。

「地球を壊滅《かいめつ》させるのに暴力を振《ふ》るう必要はない。人間同士の信頼感をなくせばいい。人間たちは互いに敵視《てきし》し傷《きず》付け合い、やがて自滅《じめつ》していく」

社会を支えている基盤《きばん》は互いの信頼感――実に示唆《しさ》に富《と》んでいる。メトロン星人は、ウルトラセブンの必殺技の一つエメリウム光線によって謀略《ぼうりゃく》もろとも撃破《げきは》された。しかし、現実社会の諸課題《しょかだい》を乗《の》り越《こ》えるのは、そう容易《ようい》ではない。世界の各地では今なお、人種《じんしゅ》や思想等の差異《さい》を巡《めぐ》る複雑な対立が続いている。こうした問題を短日月《たんじつげつ》に解決する〝とどめの一撃《いちげき》〟は現実には存在《そんざい》しない。互いに信頼し、尊敬《そんけい》し合う社会を築くには不断《ふだん》の努力が必要だ。

日蓮仏法とは「分断《ぶんだん》された、人間と人間の心を結《むす》ぶ、人類の統合《とうごう》の原理」と池田先生。周囲の一人一人と仏縁《ぶつえん》を結び、信頼を広げる。ここに、分断を乗り越える地道《じみち》にして着実《ちゃくじつ》な実践《じっせん》がある。

国境を超《こ》えた〝生命を守る連帯〟

2020・6・27

「未来への伝言《でんごん》」という映画《えいが》がある。大流行《だいりゅうこう》したポリオ（小児《しょうに》まひ）から子どもたちの生命を救《すく》うため、ソ連（当時）の生《なま》ワクチンを入手《にゅうしゅ》しようと運動した日本の母親たちと、大量のワクチンを製造したソ連の医学者たちの奮闘《ふんとう》を描《えが》く。

日本で大流行したのは、東西冷戦下の1960年。北海道を中心に感染《かんせん》は瞬《また》く間《ま》に拡大し、年間報告患者数《かんじゃすう》は5000人を超《こ》えた。300人以上が犠牲《ぎせい》になっている。当時、有効とされた生ワクチンは国内使用が認《みと》められておらず、研究が進んでいたソ連からのワクチン寄贈《きぞう》の申し出もストップがかかった。

翌61年も流行は続き、「ポリオ患者発生数即日集計《そくじつ》」が毎日、報道された。生ワクチンを求める声は国民運動となり、国は1300万人分の緊急《きんきゅう》輸入を決定。ソ連からは1000万人分が届《とど》けられた。ワクチン投与後《とうよご》、流行は急速に収束《しゅうそく》した。

「私も克服《こくふく》を真剣《しんけん》に祈った」。池田先生は第3代会長就任《しゅうにん》直後でもあった状《じょう》況《きょう》を振《ふ》り返《かえ》り、こう強く語っている。「『わが子を救いたい！』という母親たちの一念《いちねん》と、『日本の子どもを救いたい！』というソ連の医師の一念が、国家のコンクリートの壁《かべ》を壊《こわ》した」

尊《とうと》き生命を守るためには国境を超えた「人間としての連帯」が不可欠――これが未来への伝言だろう。

幸福を願う歌声は心と心を結《むす》ぶ

2020・6・28

「歌は祈《いの》り」。オペラ歌手・佐藤しのぶさんが生前《せいぜん》、自《みずか》らの民音コンサートに掲《かか》げたタイトルである。

「私にとって歌うことと祈ることは、同じ」と、佐藤さんは本紙で語っていた。祈りも歌も、目には見えない。だが確《たし》かに人の心に届《とど》く。「今まで出会ったすべての方々《かたがた》への感謝の気持ちが、歌という形で伝えられたら」との願いを込《こ》めて、毎回のステージに全力で臨《のぞ》んでいたという。

〝コロナ禍《か》で歌の力《ちから》を実感した〟という人は少なくない。青年部の参加型プロジェクト「うたつく」（歌をつくろう）をはじめ、婦人部・白ゆり合唱団や未来部の代表、海外の友が作成した合唱動画を本紙電子版で視聴《しちょう》した読者も、多くおられるだろう。

信心に消極的《しょうきょくてき》だった青年が、同志の歌声を聞いた感想を寄《よ》せてくれた。一家を襲《おそ》う宿命の嵐《あらし》と戦っているさなかという彼。「〝負けないで！〟という祈りにも似《に》た皆さんの思いが、僕《ぼく》の背中《せなか》を押《お》してくれました」。彼は友人にも合唱動画を送り、電話で仏法対話にも挑戦。〝勇気の一歩〟を踏《ふ》み出した。

「歌は『訴《うった》う』こと」だと、池田先生は言う。「天《てん》に向かえば祈りとなり、人に向かえば心を伝えます」と。友の幸福を願う歌声は距離《きょり》を超《こ》え、互《たが》いの心と心を結《むす》ぶ。そこから希望は生まれる。

他者を思う勇気　現実に屈《くつ》しない勇気

2020・7・8

世界的大流行を意味する「パンデミック」は、古代ギリシャ語の「すべての人々(pandemos)」が語源《ごげん》という。

伝染病《でんせんびょう》は、だれにでも感染《かんせん》の可能性がある。こうした危機を乗り越えるには、どうするか。哲学者の岸見一郎氏は「『勇気』がすべての人に伝染しなければなりません」と強調する。

それはどんな「勇気」なのか、氏は二つ挙《あ》げる。一つは〝他者を仲間だと思う勇気〟。皆が共に闘《たたか》う同じ人間であり、感染の有無によって地域や人々を差別しない。もう一つは〝悲観的にも楽天的にもならない勇気〟。個人の力《ちから》が及《およ》ばない問題であっても諦《あきら》めない。氏は「悲観主義でも楽天主義でもなく、『楽観主義』に立たなければなりません」と（『今ここを生きる勇気』ＮＨＫ出版新書）。厳《きび》しい現実を前に〝どうしようもない〟とうなだれるのでもなく、〝何とかなる〟と甘《あま》く見るのでもない。決して希望を失わず、目前の課題に向かって〝今、自分にできること〟を実行する。楽観主義の人は、不屈《ふくつ》の心の人であるとともに、弛《たゆ》まぬ行動の人ともいえよう。

「現実」を見つめつつ、「現実」に屈しない。目の前の一人に真心の励ましを送り、その輪を足元から広げていく。この〝たくましき楽観主義者〟が、社会を根底から支える力になる。

平和と共生《きょうせい》の仏法思想を時代精神へ

２０２０・７・９

かつて創価大学の第７回入学式で、池田先生が次のような論調《ろんちょう》を紹介した。現代社会の動向《どうこう》を巨視的《きょしてき》に見ると、時代は「ＨＯＷ（どのように）」から「ＷＨＹ（なぜ）」「ＷＨＡＴ（何のため）」に移《うつ》りつつある、と。

つまり、目的が自明《じめい》の場合、人々の関心事は〝どう効率《こうりつ》よく達成するか〟という「手法《しゅほう》」ばかりになる。一方で、環境《かんきょう》が激変《げきへん》し、価値観《かちかん》が根底《こんてい》から揺《ゆ》らいでいる時、人は〝なぜ〟〝何のため〟という「生きる意味」を問い直すという趣《しゅ》旨《し》だ。

入学式は43年前の話である。だが、コロナ禍《か》が世界に広がり、「異常気象《いじょうきしょう》」がもはや〝異常〟とはいえない気候変動となって現《あらわ》れている今、この視点《してん》は現在の私たちにも十分当てはまる。

無論《むろん》、医療《いりょう》・科学技術などを駆使《くし》し、確実に生命を守る施策《しさく》は絶対に必要である。その上で、従来《じゅうらい》の生活様式や機構《きこう》、考え方を再検討《さいけんとう》し、今一度、個々が生きる根本的価値を確立《かくりつ》すべき岐路《きろ》に立っているのではないか。

こうした放置《ほうち》できない重大な事態《じたい》を「一大事」という。先生は仏法における「一大事」をこう説明した。「一」は原点。「大」は原点から遍満《へんまん》した生命の拡大や知恵《ちえ》の発現《はつげん》。「事」はその拡大や発現が事実と刻《きざ》まれること、と。平和と共生《せい》の〝原点〟である仏法の思想を、今こそ時代精神へと高めゆく時である。

「多様性を尊重《そんちょう》」して「新たな日常」を　２０２０・７・30

昨年のこと。学会活動に頑張《がんば》ってきた壮年が、ぱったりと地区の集《つど》いに来なくなった。気になって自宅を訪《たず》ねると、変わりなく元気そうに見えたので、ほっとした。

親《した》しく会話していると、理由を打ち明けてくれた。「実《じつ》は、持病の発作《ほっさ》が出るようになって……。でも参加できない分《ぶん》、地区の発展《はってん》を真剣《しんけん》に祈っていたよ」と。頑張ってきた〝のに〟ではなく、頑張ってきたから〝こそ〟、壮年は同志に心配を掛《か》けまいと気遣《きづか》い、活動への参加を見合わせていたのだ。こうした友への配慮《はいりょ》を常《つね》に忘《わす》れてはいけない、と痛感《つうかん》した。

感染症《かんせんしょう》と共存《きょうそん》しながら充実《じゅうじつ》した生活を送るには「多様性を尊重《そんちょう》すること」――そう指摘《してき》する識者は多い。例えば、「皆で集まりたい」と思う人もいれば、「集まるのは怖《こわ》い」と思う人も。コロナ感染の脅威《きょうい》の感じ方は人それぞれ。

「新たな日常」とは、いろいろな状況《じょうきょう》があり、いろいろな考え方の人がいるという多様性を尊重しつつ、自他共《じたとも》の幸福を築き上げていく「新たな挑戦」といえよう。

御書に「所見《しょけん》の人に於《お》て仏身《ぶっしん》を見る」（242ジペー）と。どんな人にも仏性《ぶっしょう》がある。だからこそ〝一人〟を仏《ほとけ》のごとく尊《とうと》び、〝一人〟を心から大切にしていく。その姿勢《しせい》こそ仏法の真髄《しんずい》であり、時代が求める最高の生き方と確信する。

限られた条件の中で何ができるか

２０２０・９・２

「伸身《しんしん》の新月面《しんげつめん》が描《えが》く放物線《ほうぶつせん》は、栄光への架《か》け橋《はし》だ」――２００４年、アテネ五輪の体操《たいそう》男子団体決勝。日本が28年ぶりに金メダルを獲得《かくとく》した際《さい》の、刈屋《かりや》富士雄《ふじお》氏による名実況《めいじっきょう》だ。

氏が〝スポーツ取材の原点〟と語るのは、ある高校野球部を取材した時のこと。その高校のグラウンドは、テニスコートが一面あるのみだった。守備練習のベースは、二つだけ。一塁手《いちるいしゅ》と二塁手のノックが終わると、今度は反対側から三塁手と遊撃手《ゆうげきしゅ》にノック。外野練習は、校舎の３階からボールを投げ入れる……。

氏は〝こんな環境《かんきょう》で練習する意味があるのか〟と、監督《かんとく》に質問した。監督の答えは「いい環境を求めたらきりがない」。限られた条件の中で、何ができるかを一生懸命《いっしょうけんめい》に考えれば、アイデアは次々と生まれてくる。「環境は有限《ゆうげん》だが発想《はっそう》は無限《むげん》」と（『今こそ栄光への架け橋を』海竜社）。

境遇《きょうぐう》をどう捉《とら》えるかは、人によって千差万別《せんさばんべつ》だ。前向きに生き生きと仕事や勉学に励《はげ》む人と、周囲への文句《もんく》ばかり口《くち》にする人では、同じ場所にあっても生き方に大きな違《ちが》いが生《しょう》じる。

下半期が始まった。コロナ禍《か》で、日常生活のさまざまな行動の制限が続くが、知恵《ちえ》と工夫《くふう》で新たな挑戦を開始したい。一人一人の前進が、学会創立《そうりつ》90周年の栄光への架け橋となる。

他者の痛《いた》みに寄《よ》り添《そ》う心を持ちたい

2020・9・29

国際的な人道支援《しえん》活動に力《ちから》を注《そそ》いだ犬養道子《いぬかい》氏。彼女は戦後間《ま》もない頃《ころ》、留学先のアメリカで結核《けっかく》を患《わずら》った。療養《りょうよう》のため、カリフォルニアの結核療養所に入院することに。

滞在《たいざい》していたニューヨークからの移動は、特急の寝台《しんだい》列車で4泊5日を要《よう》した。療養所の最寄《もよ》り駅は、終点の手前の駅。特急は停車《ていしゃ》しないため、終点からバスの移動を予定していた。ところが、終点に近づく前、緊急《きんきゅう》停車する車内アナウンスが流れた。

彼女の容体《ようだい》を心配した乗務員たちが、鉄道省本部に療養所の最寄り駅で停車する了承《りょうしょう》をもらっていたのである。下車する彼女に、乗客たちは次々と励《はげ》ましの言葉を掛《か》けた。療養所の彼女のもとに、「あの列車の一乗客より」と記されたプレゼントが届《とど》くこともあった（『アメリカン・アメリカ』文藝春秋《ぶんげいしゅんじゅう》）。

この出来事《できごと》は、乗務員たちが苦《くる》しむ彼女に寄《よ》り添《そ》うことから始まった。その真心は、乗客たちの心も動かした。思いやりは、目の前の人を勇気づけるだけでなく、周囲に支え合う心を広げる。心を打つのは、どこまでも心だ。

御書に「日蓮は・なかねども・なみだひまなし」（1361㌻）と。コロナ禍《か》の今、他者の痛《いた》みに同苦《どうく》する心を持ちたい。その〝ぬくもり〟が、温《あたた》かな社会を築き上げていくと信じる。

地域の結び付きが人生を豊かにする

2020・10・7

国連が本年3月に発表した2020年版「世界幸福度報告《こうふくど》」では、フィンランドが3年連続で首位《しゅい》に。一方で日本は62位だった。17年の51位から3年連続で順位が後退《こうたい》する日本で、近年、特に評価が低い項目《こうもく》が「寛容《かんよう》さ」。その要因《よういん》について、桜美林《おうびりん》大学の山口創《はじめ》教授は「人とのつながりが少ないこと」を挙《あ》げる。人とつながることは幸福感に必要不可欠の要素《ようそ》であり、反対に「孤独《こどく》は心と体の健康にとって最大の敵《てき》」と指摘《してき》する。

孤独を回避《かいひ》するには、たまに会う遠くの友よりも「身近な人に目を向けて交流することが必要」と山口教授は強調する。「色々なことを気兼《きが》ねなく話し、大変なときはすぐに支《ささ》え合うことができるような密《みつ》な関係が求められている」と（『手の治癒力《ちゆりょく》』草思社文庫）。

昔から〝遠くの親戚《しんせき》より近くの他人〟といわれる。もちろん、親戚や家族が近くにいるのに越したことはないのだろうが、そうとは限らない。そんな時、何かあれば助けてくれる近隣《きんりん》の友人がいれば、どれほど心強いか。その結《むす》び付《つ》きが人生を豊かにし、自他共《じたとも》の幸福を開《ひら》く力《ちから》となる。

私たちが互《たが》いに励《はげ》まし合う日々の学会活動は、地域を支える安心・安全のネットワークでもある。〝誰《だれ》も置《お》き去《ざ》りにしない〟との心で、わが地域に幸《さち》の語らいを広げよう。

大願《だいがん》に生きる人生に停滞《ていたい》はない

2020・12・16

小惑星《しょうわくせい》「りゅうぐう」での任務《にんむ》を終え、地球にカプセルを投下《とうか》した探査機《たんさき》「はやぶさ2」が、再《ふたた》び地球を離《はな》れた。どこへ向かったのか。目指すは小惑星「1998KY26」。将来《しょうらい》、地球に衝突《しょうとつ》する危険性《きけんせい》があるという。だが直径約30メートル《メートル》と小さく、実際の形が分からない。そこで災害防止の観点から接近《せっきん》観測を試《こころ》みるのだ。到着予定《とうちゃく》は2031年。総飛行距離は100億キロ《キロ》といわれる。宇宙《うちゅう》の謎《なぞ》を解明する大目的に終わりはない。

広布の大願《だいがん》に生きる人生にも停滞《ていたい》はない。本紙通信員の婦人は、コロナ禍《か》により38年勤《つと》めた職場を解雇《かいこ》された。それでも、彼女の歩《あゆ》みが止まることはなかった。

自《みずか》らの宿命転換《しゅくめいてんかん》を懸《か》けて学会活動に励《はげ》み、通信員として記事の一字一句、写真の一葉《いちよう》一葉に心を込《こ》めた。「この挑戦《ちょうせん》が苦難《くなん》に立ち向かう力《ちから》になりました」と語る彼女は先月、念願の再就職《さいしゅうしょく》を果たす。初出勤の日には、自身の撮《と》った写真が本紙に掲載《けいさい》された。

この一年、未聞《みもん》の試練の中でどれだけ前進できたか――そう悩《なや》む人も多いだろう。しかし人間としての成長は、目に見える結果だけでなく、向上しようとする心で決まる。苦しい時も楽しい時も「大願ををこせ」（御書1561ページ）との御聖訓《ごせいくん》を胸に、一歩でも前へ。そこから宇宙大の境涯《きょうがい》が開《ひら》かれる。

子どもたちは未来を一緒につくる同志

2020・12・22

戦時中、その少年は学校で漫画《まんが》を描《か》くことに熱中した。だが、時代がそれを許さなかった。学校にいた配属将校《しょうこう》や教員から「戦時下に、何たることか」と、白い目で見られることもあった。

そんな彼をいつもかばったのが美術の先生だった。「これが才能なんだから」と職員室で熱弁を振《ふ》るってくれた。「いまはこういう時勢なんだが、あきらめちゃいかんぞ」と激励《げきれい》されたことも。その少年こそ手塚治虫氏。後に〝漫画の神様〟と呼《よ》ばれることになるが、「忘れられない」と若き日の思い出を記している（『ぼくのマンガ人生』岩波新書）。

その時は未来が見えなくても、信じてくれる人が一人でもいれば、自《みずか》ら決めた道を歩《あゆ》み抜《ぬ》く力《ちから》になる。手塚氏にとって戦火の体験は、漫画で〝生命の尊厳《そんげん》〟を訴《うった》える原動力となった。

今春、子どもたちは先行きが見通せない中で、入学や進級を迎《むか》えた。社会の混乱《こんらん》は現在も続く。学校生活のこと。将来《しょうらい》のこと……。不安は募《つの》るばかりだろう。

大人にとって、子どもたちは未来を託《たく》すだけの存在《そんざい》ではない。励《はげ》まし合って、互《たが》いに成長し、未来を一緒《いっしょ》につくる同志である。どんな試練《しれん》の〝冬〟をも、希望の〝春〟へと変えゆく信心の確信を伝え、創価家族のぬくもりを届《とど》けながら、今できる挑戦を共《とも》にしたい。

希望は　自《みずか》らつくり出すものだ

２０２１・１・13

「希望を持ちましょう、――希望を持つことはつねによいことなのです」（池田健太郎訳）。ロシアの詩人・プーシキンの言葉だ。彼が書簡《しょかん》にこう記した時、ロシアはコレラが大流行《だいりゅうこう》していた。その中で１８３１年の新年を迎《むか》えた。

１９５０年（昭和25年）、深刻《しんこく》な不況《ふきょう》の打撃《だげき》を受け、戸田先生の事業が破綻《はたん》。学会の理事長の職《しょく》を辞《じ》した。池田先生は、給料の遅配《ちはい》が続き、冬にオーバーさえ購入《こうにゅう》することができなかったが、恩師を支《ささ》え続けた。

翌《よく》51年（同26年）１月６日、池田先生は日記につづった。「激越《げきえつ》の、年も刻々《こっこく》と明けて来た。いかなる苦悩《くのう》にも打ち勝ちて、男らしく、青年らしく、若人《わこうど》らしく、本年も戦いきろう。学会も、会社も、黎明《れいめい》の年であれ」。先生の激闘《げきとう》は、恩師の第2代会長就任《しゅうにん》への道を開《ひら》いた。

コロナ禍《か》のまま明けた本年は昨年に続き、変化の連続の一年となろう。社会に閉塞感《へいそくかん》が漂《ただよ》う時、人は希望を求める。だが、確《かく》たる希望は、他から与《あた》えられるものではない。自《みずか》らつくり出すものだ。どんな状況《じょうきょう》をも勝ち越《こ》える力《ちから》が人間にはある。

プーシキンは詠《うた》った。「太陽万歳《ばんざい》　闇《やみ》はかくれよ！」（金子幸彦訳）。闇が深いほど、暁《あかつき》は近いという。苦悩《くのう》する友の心の闇を破《やぶ》り、希望を届《とど》ける存在《そんざい》として、一人一人が輝《かがや》きたい。

医療現場に立つ方々に最敬礼《さいけいれい》

2021・1・28

太平洋戦争末期の実話を基《もと》にした映画《えいが》「ハクソー・リッジ」は、沖縄・浦添《うらそえ》市の前田高地にある〝のこぎり崖《ハクソー・リッジ》〟で、75人の負傷兵《ふしょうへい》の命を救《すく》った衛生兵《えいせいへい》の物語である。

米陸軍の兵士デズモンド・ドスは、武器を持たず戦地へ赴《おもむ》いた。銃弾《じゅうだん》の嵐《あらし》の中、彼は米軍兵だけでなく負傷した敵兵も手当てする。

〝どれほど言っても武器の所持《しょじ》を拒否《きょひ》した。そんな彼こそ最も勇敢《ゆうかん》だった〟――彼に命を救われた上官は証言した。

次元は異《こと》なるが、コロナ禍《か》で奮闘《ふんとう》する医療《いりょう》従事者《じゅうじしゃ》を思った。ある婦人はコロナ患者《かんじゃ》を受け入れる病院で、看護師長《かんごしちょう》を務《つと》める。彼女の夫が胸《むね》の内《うち》を明かしてくれた。日々、命を救う最前線で力《ちから》を尽《つ》くす妻の無事を祈り、帰宅《きたく》のたび最敬礼《さいけいれい》する思いで迎《むか》えている、と。

今この瞬間《しゅんかん》も、敢《あ》えてリスクを背負《せお》いながら、逼迫《ひっぱく》する医療現場に立つ人がいる。その方々《かたがた》と、ご家族の心労《しんろう》は計《はか》り知れない。私たちはその状況《じょうきょう》に思いをはせ、一日も早い終息《しゅうそく》を祈り続けたい。

国境なき医師団の加藤寛幸《ひろゆき》会長は本紙のインタビューで、自分のことを「大勢の中の一人」と思わず、「自分の助けを必要としている人がいる」と考えてほしい、と。自分のできる感染《かんせん》防止に努《つと》めることが、友人を、医療現場を、社会を救う――今一度胸に刻《きざ》み、行動したい。

「目は心の窓《まど》」「目は心の鏡《かがみ》」

2021・2・10

目は口《くち》ほどに物《もの》を言う――この言葉を、より実感するようになった。コロナ禍《か》でマスクの着用が日常化し、口元を見る・見せる機会が激減《げきげん》したからだ。

近年の研究によれば、面《めん》と向かった相手の感情を読み取る際《さい》、欧米《おうべい》の人々が相手の口元を重視《じゅうし》するのに対し、日本人は目元を重視する傾向《けいこう》があるという。

目の動きで思いを伝える意味の「目顔《めがお》で知らす」や、驚《おどろ》いた様子を表《あらわ》す「目を皿《さら》にする」など、目にまつわる慣用句《かんようく》が多いのもうなずける。

仏典では、財力によらない〝他者への施《ほどこ》し〟を、さまざまな形で説《と》く。その中には「目」や「顔」を用《もち》いたものもある。例《たと》えば「眼施《げんせ》」。常《つね》に慈愛《じあい》のまなざしで相手と向き合うことだ。また柔和《にゅうわ》な笑顔で友と接《せっ》することを「和顔悦色施《わげんえつじきせ》」という。

「心施《しんせ》」と呼《よ》ばれる施しもある。相手への思いやりを持ち、喜びも悲しみも共《とも》にすることだ。「目は心の窓《まど》」「目は心の鏡《かがみ》」ともいう。心は目に見えないが、心のぬくもりは目の輝《かがや》きや表情に表れる。「心こそ大切なれ」（御書1192ページ）である。

マスクで顔の半分を覆《おお》い隠《かく》しても、友の幸せを願う心は隠すまい。こんな時だからこそ、まなざしや言葉に一段《いちだん》と心を乗せて表現できる自分でありたい。

仏法とは、「人の振舞《ふるまい》」（同1174ページ）である。

〝差別の繁殖《はんしょく》〟を防《ふせ》ぐために

2021・2・26

「他者への想像力《そうぞうりょく》が枯渇《こかつ》するとき、差別は繁殖《はんしょく》します」と語るのは、社会学者の好井裕明《よしいひろあき》氏。差別は〝特別な誰《だれ》か〟が起こす限られた社会問題ではない、と。

差別を受ける人がどれほど苦悩《くのう》し、憤《いきどお》り、困窮《こんきゅう》しているか――他者に対する想像力の欠如《けつじょ》によって、誰もが差別する可能性がある。それを防《ふせ》ぐには「『他者へのより深く豊《ゆた》かで、しなやかでタフな想像力』が必要」という（『他者を感じる社会学』ちくまプリマー新書）。

コロナ禍《か》の中で、感染者《かんせんしゃ》・医療《いりょう》従事者《じゅうじしゃ》などへの差別や〝自粛《じしゅく》警察《けいさつ》〟と呼《よ》ばれる現象が問題となっている。そうした行為《こうい》の背景《はいけい》には、目に見えないウイルスに対する恐怖《きょうふ》や不安があるとされる。だがその感情を向ける相手は、自分と同じように毎日の生活を営《いとな》む人間である。一人一人に家族などの大切な存在《そんざい》があることを忘《わす》れてはならない。

日蓮大聖人は「一切衆生《いっさいしゅじょう》が受けているさまざまな苦悩は、ことごとく日蓮一人の苦《く》である」（御書758ジペー、通解）と仰《おお》せだ。相手の苦境《くきょう》を〝わがこと〟として受け止めようと心を砕《くだ》く。目の前の一人に、とことん寄《よ》り添《そ》い続ける。日々の学会活動は、仏の境涯《きょうがい》へと自身の生命を鍛《きた》える修行でもある。

きょうも、わが地域に〝心の安全地帯〟を広げよう。〝誰も置《お》き去《ざ》りにしない〟心で。

文豪《ぶんごう》ゲーテが重視した「精神的な時」

2021・2・27

「一月往《い》ぬる二月逃《に》げる三月去《さ》る」という。行事《ぎょうじ》が多く、あっという間《ま》に時間が過《す》ぎる季節。壁掛《かべか》けカレンダーをめくる日も間近となり、その言葉が身に染《し》みる。

去年の手帳を開《ひら》いてみた。1年前の今の時期は取り消し線だらけ。コロナ禍《か》によって次々と予定が中止となったからである。友人たちと当時を振《ふ》り返《かえ》ると、暇《ひま》になって困《こま》ったという人もいれば、仕事の対応でむしろ多忙《たぼう》を極《きわ》めた人もいて、状況《じょうきょう》はさまざまだ。

文豪《ぶんごう》ゲーテの詩に「わが時を短くするものは何ぞ　活動　堪《た》えがたく時を長くするものは何ぞ　怠惰《たいだ》」（小牧健夫訳）とある。時間の概念《がいねん》にはクロノス（時計が刻《きざ》む時）とカイロス（精神的な時）があり、ゲーテは後者を重視《じゅうし》した。ただ忙《いそが》しければ良いわけではない。「今」という瞬間《しゅんかん》を真剣《しんけん》に生きる中に、真の充実《じゅうじつ》と幸福があるとの洞察《どうさつ》だろう。

大切なのは刻々《こっこく》と流れる時間を何のために、どう価値的《かちてき》に使うか。池田先生は詠《よ》んだ。「平凡《へいぼん》は　真理《しんり》であるかも知れない」「話せることも幸せだ　歩けることも幸せだ　その間に『人生』は　何かをしなければならない　私は『広宣流布』をする」

御書には「一生空《いっしょうむな》しく過《す》して万歳悔《ばんさいく》ゆること勿《なか》れ」（970ページ）と。伝統の2月から「3・16」へ、今日《きょう》も悔《く》いなき挑戦《ちょうせん》の一日を！

志村けんさんが「ホロッとした」手紙

２０２１・３・29

人気を博《はく》したコント番組「志村けんのだいじょうぶだぁ」の放映時《ほうえいじ》、テレビ局には視聴者《しちょうしゃ》から多くの便《たよ》りが届《とど》いた。その中に、志村さんが「ホロッとした」手紙があった。

父を失《うしな》った娘《むすめ》が、母とアパートで生活していた。母はパートに出て、娘もアルバイトの日々。ただ、月曜日だけは2人とも午後6時に家に帰った。8時からの番組を見るためだ。母娘で笑い合い、「また1週間頑張《がんば》ろうね」と声を掛《か》け合った。

人間と動物の違《ちが》いの一つは「笑う」こと。志村さんは「笑いには、人間を強くする不思議な力《ちから》がある。お笑いしかできない僕《ぼく》だけど、笑うことで何か明るい光が見えてくれば、本当にいいんだけどね」と語っていた（『志村けん160の言葉』青志社）。

笑いは人間を元気にする〝生活の潤滑油《じゅんかつゆ》〟である。カントは〝笑いは医師の働きをする〟と洞察《どうさつ》したが、実際、免疫《めんえき》機能の活性化や癒《い》やしの効果があるという。笑いの類型《るいけい》であるユーモアも、〝人間を解放《かいほう》する笑い〟といわれる。池田先生は、たくましき楽観主義からにじみ出るものがユーモアであり、「真剣《しんけん》の人は明るい」と。

志村さんが逝去《せいきょ》して一年。コロナ禍《か》は続き、社会の分断も深刻だ。だからこそ、苦難《くなん》に負けない人生を笑顔でたたえ合う励《はげ》ましの輪《わ》を、地域に広げたい。

春のセンバツ　未来への誓《ちか》い

２０２１・３・30

「甲子園《こうしえん》が戻《もど》ってきました」。２年ぶりの熱戦が続く春の選抜《せんばつ》高校野球大会。その開会式で、宮城・仙台育英の島貫丞《しまぬきじょう》主将が行《おこな》った選手宣誓《せんせい》は、列島に感動を広げた。

世界中が未曽有《みぞう》の困難《こんなん》に見舞《みま》われた1年。皆《みな》が大切なものを失《うしな》った。「答えのない悲しみを受け入れることは、苦しくてつらいことでした。しかし、同時に多くのことを学びました。当たり前だと思う日常は、誰《だれ》かの努力《どりょく》や協力で成《な》り立《た》っているということです」。球児のみならず、たくさんの人たちの気持ちを代弁《だいべん》する言葉だった。

福島県出身の彼は宣誓に震災《しんさい》10年への思いも込《こ》めた。「これからの10年。私たちが新しい日本の力《ちから》になれるように、歩み続けます」と。「春はセンバツから。穏《おだ》やかで鮮《あざ》やかな春、そして1年となりますように」——よどみなく語る一言一言に、未来への誓《ちか》いと願いがあふれていた。

「当たり前」のことが、どれほどありがたいか。私たちはそのことを深く知った。失ったからこそ見えてきたものを大切にする。そこに新たな未来を開くカギがあろう。

春の甲子園もいよいよ大詰《おおづ》め。試練《しれん》の冬を越《こ》えて、夢舞台《ゆめぶたい》で乱舞《らんぶ》する球児たちにエールを送りたい。そして、我《われ》らも負けじと新しい決意で立ち上がり、「挑戦」と「行動」の春を生き生きと進みたい。

第2章

復興へ歩む

東日本大震災から10年を迎えた。各地でも甚大な被害をもたらす自然災害が続く。復興への道のりはいまだ険しい。それでも不屈の人々は、それぞれの歩幅で、スピードで、一歩一歩、前に進んでいる。

試練にも屈《くっ》せず　変毒為薬《へんどくいやく》してみせる

2018・7・11

太平洋を望む岩手県三陸《さんりく》海岸沿いの集落《しゅうらく》には、先人の教訓を伝える石碑《せきひ》が数多く立っている。碑には「高き住居は児孫の和楽　想《おも》へ惨禍《さんか》の大津浪《おおつなみ》　此処《ここ》より下に家を建てるな」と。

過去の津波で被害に遭《あ》った人々が後世の住民に残した教訓である。何代も先の子孫に直接会って伝えることはできない。〝ならば石に刻《きざ》んでも、この思いを届けなければならない〟という魂の叫《さけ》びが、そこにはある。

先週来、西日本などを襲《おそ》った豪雨《ごうう》が、列島各地に甚大《じんだい》な被害の爪痕《つめあと》を残した。

現在も必死の救援活動が続く。被災された皆さまに心からお見舞い申し上げるとともに、一日も早い復興を願わずにはいられない。

かつて、池田先生は、大型台風で壊滅《かいめつ》的被害を受けた三重県に駆け付け、再起を誓う友を渾身《こんしん》の力《ちから》で励ました。「『信心』さえ壊《こわ》されなければ、必ず変毒為《へんどくい》薬《やく》できます」と。

地震、異常《いじょう》気象などといった自然災害との戦いは、人間の宿命でもあろう。しかし、その不条理《ふじょうり》にあらがい、そのたびに立ち上がってきたのが人類の歴史である。自然の猛威《もうい》を上回る大生命力を湧《わ》かせ、〝いかなる試練《しれん》にも屈《くっ》せず、変毒為薬の実証を示してみせる！〟と同志が奮闘《ふんとう》している。創価の連帯に心の距離はない。思いと祈りを重ね、ともどもに進む。

災害は心まで奪《うば》うことはできない

2018・7・13

イタリア南部のナポリは、古代ローマ帝国時代から地震や火山噴火《ふんか》などが繰り返されてきた。ナポリ湾に浮《う》かぶイスキア島の町は、135年前の7月に起こった地震で、ほぼ全壊《ぜんかい》したという。

この地震でイタリアの歴史学者であるベネデット・クローチェは父と母、妹を失《うしな》う。当時17歳だった彼は、後《のち》に真情をこう述べている。「私から希望の喜ばしさをいっさい奪《うば》って」しまったと（『十九世紀ヨーロッパ史』創文社）。

災害は形あるものを破壊《はかい》し、奪い去る。だが、心まで奪うことはできない。

父のいとこに引き取られたクローチェは、一時は虚無感《きょむかん》にさいなまれた。だがローマの図書館に通《かよ》い始め、学問の師と触《ふ》れ合う中で、哲学と歴史の研究に目覚《めざ》めた。

今回の「平成30年7月豪雨《ごうう》」で、以前にお会いした岡山県津山市の友に連絡した。大雨で不安が増す中、町内会の方《かた》や学会同志など、多くの人が連絡をくれた。〝こんなにも心配してくれる人がいる〟。そう思うことで強くなれたという。

「どんなことがあろうと、生きてさえいれば、信心はできる。必ず変毒為薬《へんどくいやく》できます」とは、東日本大震災《だいしんさい》で津波の被害を受けた東北の友に聞いた言葉だ。祈ること。声を掛《か》けること。被災《ひさい》された方々のため、一人一人ができることをしたい。

被災された方々を　絶対に「忘れない」

2018・7・15

岡山市北区の農家から連絡があった。今回の豪雨《ごうう》で自宅は床上浸水《しんすい》。農地は水没《すいぼつ》。「先は見えませんが、地域の方《かた》や全国の知人が励《はげ》ましの声を掛《か》けてくれて……」。現在は避難先《ひなんさき》から自宅に戻《もど》り、片付けを進める。

愛媛県宇和島市では当初、交通網《もう》が寸断《すんだん》されて物流がストップし、スーパーの棚《たな》から食品が消えた。「お店を3軒、回ったが、何も手に入らなかった」と高齢者。大きな災害が発生すると、社会の弱い部分にしわ寄せがいく。その「現実」がたまらない。

被災された方にとって一番のショックは「忘れられること」。被災地に「苦しむ心」が置き去りにされることである。被災地だけではない。苦しむ心や悩《なや》む心は、私たちの周囲にたくさんある。それを周《まわ》りが理解しようとしないことが、苦しんでいる人の孤独感《こどくかん》を強める。

仏法は「同苦《どうく》」——相手に思いをはせる努力を忘れないことを教える。目の前の一人に同苦し、「絶対に負けない心」を引き出していく生命の触発《しょくはつ》作業こそ、私たちの励ましの運動にほかならない。

人生の逆境《ぎゃっきょう》を乗り越えた友が、心から共感したという言葉を教えてくれた。「夜の闇《やみ》のなかに星が見えるように、苦悩《くのう》のなかにこそ人生の意味が見えるものである」（北御門二郎訳）。思想家ソローの箴言《しんげん》である。

“何かあれば、私たちを頼《たよ》ってほしい”

２０１８・８・４

東日本大震災《だいしんさい》から１カ月後のこと。宮城県名取市で病院を営《いとな》む桑山紀彦氏の元には、同じような症状を訴《うった》える患者たちがやって来た。皆、一様に落ち込み、疲《つか》れ果《は》てている。「背後には、『我慢《がまん》と無理』があった」と本紙で指摘《してき》していた。

災害直後は、頭痛やストレス反応が現れる。だが１カ月たつと自宅の復旧などに格差が生じ、次第《しだい》に怒りの感情が高まる「幻滅期《げんめつき》」が訪《おとず》れるという（「中国新聞」（２０１８年７月20日付）。「『何かあれば頼《たよ》りにして』と、メッセージを発信し続けてください」と桑山氏は呼び掛ける。

間もなく西日本の豪雨《ごうう》被害から1カ月。今も壮年・男子部の「かたし隊」は泥《どろ》にまみれながら、スコップを握《にぎ》る。酷暑《こくしょ》の中、彼らは努《つと》めて明るく被災者に声を掛ける。ある壮年は、「頑張らなくていい。私たちを頼ってほしい」と日々訴えているという。

近隣《きんりん》住民が「大変な作業を、嫌《いや》な顔一つせずやってくれる。ありがたい。涙《なみだ》が出る」と感謝を語ると、被災した同志は胸を張った。「それが学会の人じゃよ！」

復興への道は険《けわ》しいが、だからこそ被災者を一人にしてはならない。御書に「植えた木であっても、強い支柱《しちゅう》で支えれば、大風が吹いても倒《たお》れない」（1468ジペー、通解）と。一人一人の心の復興へ、共に歩みたい。

心に音楽が響《ひび》く限り　希望は奪《うば》われない　2018・12・23

刑務所内に突然、モーツァルト作曲「フィガロの結婚」が響《ひび》き渡《わた》った。映画「ショーシャンクの空に」のワンシーン。無実の罪で終身刑《しゅうしんけい》に処《しょ》された主人公アンディが、看守《かんしゅ》の目を盗《ぬす》んでレコードを放送したのだ。

彼は2週間、懲罰房《ちょうばつぼう》に入れられた。出てきた時、囚人《しゅうじん》仲間に感想を聞かれ、「快適だった。音楽を聴《き》いていた」と答える。「穴蔵《あなぐら》でレコードを?」と、けげんそうな仲間に彼は言う。「頭の中でさ」「音楽は決して人から奪《うば》えない。そう思わないか」

これは牢獄《ろうごく》だけに限るまい。失意《しつい》や不安の中にあって、ふと胸によみがえった思い出の曲や歌に、奮《ふる》い立った経験を持つ人は少なくないだろう。

東日本大震災《だいしんさい》直後の東北で、そんな同志に多く出会った。音楽をかける機材《きざい》がなくとも、学会歌を涙《なみだ》ながらに歌う友がいた。被災《ひさい》した自宅から持ち出した楽器を空に向かって奏《かな》でた友もいた。「勇気を失うな。くちびるに歌を持て」とはドイツの詩人フライシュレンの言葉である（山本有三編著『心に太陽を持て』ポプラ社）。

本年も、東北はじめ大地震の被災地・熊本や北海道、豪雨《ごうう》に遭《あ》った岡山で音楽隊の「希望の絆《きずな》」コンサートが行われた。心に音楽が響く限り、希望もまた奪《うば》われない。励ましの連帯を広げる楽雄《がくゆう》の奮闘《ふんとう》に、あらためて感謝したい。

ＪＲ信濃町駅近くにある「無名橋」

２０１９・５・16

ＪＲ信濃町駅の近くに通称《つうしょう》「無名橋」という橋がある。同じ名前の橋は全国にいくつもあるようで、「無名」という〝名が有《あ》る〟とは何とも面白い。

その橋は自動車が通れない小さな橋だが、多くの歩行者や自転車に乗る人々が利用している。〝この橋がなかったら困《こま》る人がたくさんいるだろうな〟と思うと、この橋の存在《そんざい》そのものに十分な価値があり、立派《りっぱ》な名前などは、むしろ不要かもしれないとさえ感じた。

先日、東京・信濃町の広宣会館（学会本部別館内）で首都圏フェニックス大会が開催《かいさい》された。原発事故等の影響《えいきょう》で福島県内外に避難《ひなん》した「うつくしまフェニックスグループ」の友が集い、大会前後には再会を喜び、それぞれの地での奮闘《ふんとう》をたたえ合う、麗《うるわ》しい光景が見られた。

同グループの友は皆《みな》、〝無名の庶民《しょみん》〟である。しかし、この友らの存在と活《かつ》躍《やく》は、東日本大震災《だいしんさい》と原発事故からの復興のシンボルそのものであり、一人一人の勝利の実証が、「新生・東北」の実像を雄弁《ゆうべん》に物語っている。

限界のないことを意味する言葉の「無限」、尽《つ》きないことを表す「無尽《むじん》」……「無」には〝ここまで〟という制限がないとの意味合いもあるのだろう。〝どこまでも福光《ふっこう》の道を歩んでいく！〟――未来へ希望の橋を架《か》ける友の心意気が頼《たの》もしい。

「あいさつ」は地域の防災力を高める

２０１９・10・26

災害時の対応は、迅速《じんそく》な初動《しょどう》が大切だ。だが規模《きぼ》が大きい場合、消防などがすぐに来てくれるとは限らない。昨年の北海道胆振《いぶり》東部地震では消防署が停電になり、電話が不通となる状況が20分間生《しょう》じた。

一分一秒を争《あらそ》う災害直後、生命を守るネットワークとなるのは「近隣《きんりん》」だろう。防災は「自助《じじょ》・共助《きょうじょ》・公助《こうじょ》」の三助が大切といわれる。その上で、防災システム研究所所長の山村武彦氏は、向こう三軒両隣が助け合う「近助《きんじょ》」の重要性を指摘する。

「近助」の力《ちから》を育《はぐく》むには日頃《ひごろ》の交流が欠かせない。といっても大げさなものではなく、氏が最《もっと》も強調するのは「あいさつ」。それは「人間関係を構築・維持するための必須条件」と（『互近助《ごきんじょ》の力』ぎょうせい）。

心理学者Ａ・メラビアン氏によると、人間の第一印象を決めるのは、態度や表情などの「視覚《しかく》情報」が55％、声のトーンなどの「聴覚《ちょうかく》情報」が38％を占《し》めるという。あいさつも、言葉の内容以上に、笑顔だったり、声の明るい響《ひび》きだったりが相手との心の距離《きょり》を縮《ちぢ》めてくれるのだ。

御書に「小事つもりて大事となる」（1595ページ）と。あいさつは人間関係の潤滑油《じゅんかつゆ》にとどまらず、地域の防災力までも高めてくれる。いざという時、それは生命を守る力強い〝武器〟になる。

〝沖縄の象徴〟首里城《しゅりじょう》の復興を願う

2019・11・3

せりふと踊《おど》りを音楽に乗せて展開する琉球《りゅうきゅう》の歌舞劇《かぶげき》・組踊《くみおどり》。今年、初上演から300年を迎《むか》える。

琉球王国時代、国王が代替《だいが》わりするたびに、冊封使《さっぽうし》という使節が中国から派遣《はけん》された。その冊封使を歓待《かんたい》する宴《うたげ》で披露《ひろう》されたのが組踊だった。

長い歴史の中で〝存続《そんぞく》の危機《きき》〟が2度あった。1度目は、廃藩置県《はいはんちけん》により琉球王国が解体《かいたい》され、王朝芸能の組踊が披露の場を失った時。だが舞台を宮廷から町の芝居《しばい》小屋に移し、〝大衆《たいしゅう》に開かれた芸能〟に転《てん》じたことで、各地で継承《けいしょう》されていった。

2度目の危機は沖縄戦。戦争は貴重な文化財や資料も奪《うば》い去《さ》った。厳《きび》しい時代の中でも、人々の熱意によって芸能の復興は続けられ、終戦の年の12月には、沖縄で再び組踊が上演された。いかなる苦難《くなん》に遭《あ》っても、文化の花は民衆の手によって何度でも咲《さ》き薫《かお》る。池田先生は「民衆のいない文化・芸術は、結局は空虚《くうきょ》な抜《ぬ》け殻《がら》でしかない」と述べている。

先日、首里城《しゅりじょう》の正殿等が焼失《しょうしつ》した。突然《とつぜん》の惨事《さんじ》に多くの人が胸を痛めている。しかし、文化を守る沖縄の人々の心は壊《こわ》されない。首里城は過去に4回焼失したが、そのたびに先人《せんじん》たちのたゆまぬ努力で再建を果たしてきた。今回も必ず乗り越えられると確信し、〝沖縄の象徴〟の一日も早い復興を願う。

震災の記憶《きおく》をつなぐ「ど根性《こんじょう》ヒマワリ」

２０２０・７・12

鉢植《はちう》えで育てていた「ど根性《こんじょう》ヒマワリ」が今年も咲《さ》いた。ベランダが明るくなり、梅雨《つゆ》のうっとうしい気分《きぶん》が吹《ふ》き飛《と》んだ。

東日本大震災《だいしんさい》が起きて迎《むか》えた最初の夏（２０１１年）。がれきの中から茎《くき》をねじ曲《ま》げながらも懸命《けんめい》に伸《の》び、大輪《たいりん》の花を咲かせた「ど根性ヒマワリ」は、被災《ひさい》者《しゃ》の生きる希望となった。その１世の種《たね》は希望のメッセージとともに各地に広がり、今年咲いたのは10世となる。

なぜ1世、２世、３世と数《かぞ》えるのか。ど根性ヒマワリを見つけた被災者は言う。「例《たと》えば50世になり、子どもたちが『なぜ50世なの?』と尋《たず》ねた時、『50年前、大震災が起こって……』と震災の話ができます」。震災を忘《わす》れず、次代へつなぐ大切なツールでもある。

背丈《せたけ》が大きく伸び、花の部分が重いヒマワリは太い茎でも支《ささ》えきれずに折《お》れたり、風で簡単《かんたん》に倒《たお》れたりする。今年は支柱《しちゅう》を立てたので事なきを得《え》たが、「大風《おおかぜ》吹《ふ》き候《そうら》へどもつよきすけをかひぬれば・たうれず」(御書1468ページ)。支えるものが強ければ倒れない。

コロナ禍《か》も大雨被害《ひがい》もそうだが、支え合う心が希望となり、生きる力《ちから》となる。支え合う心は、相手の状況《じょうきょう》を「人ごと」ではなく「自分ごと」と捉《とら》える想像力から生まれる。ヒマワリの花言葉は「あなたは素晴らしい」である。

「寂《さび》しい思いなんか、させんけんね」

２０２０・７・20

精神科医のフランクルは、ナチス収容所《しゅうようじょ》の中で、絶望《ぜつぼう》して自《みずか》ら命を絶《た》とうとした男性を救《すく》った。『夜と霧《きり》』（みすず書房《しょぼう》）につづられている。

男性には、彼の帰りを外国で待《ま》ち続けている子どもがいた。その存在《そんざい》に気付かせると、男性は思いとどまったという。生きる希望を見いだしたからだ。〝自分は一人ではない〟という実感が、どれほど強く人を支《ささ》えるか。示唆《しさ》に富《と》む話である。

「ぼくは、あの震災《しんさい》で大切なものを失《うしな》いました。でも、もっと大切なものを学会で得《え》ました」と語る青年がいる。9年前、東日本大震災で家も仕事も失った。単身《たんしん》で九州に移《うつ》り、懸命《けんめい》に働く日々。疲《つか》れがたまった。徐々《じょじょ》に孤独《こどく》にさいなまれるように。

そんな彼を、同じ職場の学会員が懸命に励《はげ》ました。「寂《さび》しい思いなんか、させんけんね」「君のこと、毎日毎日、祈っとるんよ」。その真心に打《う》たれ、彼は入会した。男子地区リーダーとなった今、〝次は自分が〟と友の励ましに奔走《ほんそう》する。

災害、病気、経済《けいざい》の苦境《くきょう》……。大きな試練《しれん》に直面《ちょくめん》した時、大切なものを失った時、不安や心配事を自分だけで抱《かか》え込《こ》まなくていい。あなたにも私にも、幸福を祈ってくれている存在が必ずいる。決して一人ではない。強い強い創価家族の絆《きずな》で結《むす》ばれているのだから。

誰《だれ》もが〝避難者《ひなんしゃ》〟になり得る時代

２０２０・９・15

災害に遭《あ》った子どもたちに、学習と体験活動の場を提供《ていきょう》する放課後施設《しせつ》「コラボ・スクール」。東日本大震災《だいしんさい》を機《き》に設立《せつりつ》を構想《こうそう》した社会起業家《きぎょうか》の今村久美《くみ》さんには当初、迷《まよ》いがあったという。前例がない上、東京のヨソモノが考えたエゴなのではないか、と。

背中《せなか》を押《お》したのは現地の人の言葉だった。「あなたが信じることが、この先の正解にきっとなるから」と（『３・11を心に刻《きざ》んで２０２０』岩波ブックレット）。同スクールは今、地域の８割《わり》の小中学生が利用する。

東日本大震災の折《おり》、福島の婦人部員は避難所《ひなんじょ》で、発達障《しょう》がい児がいる親戚《しんせき》家族と一緒《いっしょ》になった。大声を発《はっ》する子どもに、怒鳴《どな》りつける大人もいた。親戚家族は車中泊《しゃちゅうはく》を強《し》いられ、避難所を転々《てんてん》とした。

障がいに対する無理解に、親戚家族は孤独感《こどくかん》を募《つの》らせた。婦人はこうした避難所生活の体験を紙芝居《かみしばい》にまとめ、上演してきた。その反響《はんきょう》は大きく、全国から上演の依頼《いらい》が。コロナ禍《か》の中断を経《へ》て、来月から活動を再開する。「誰《だれ》もが〝避難者〟になり得る今の時代だからこそ伝えたい」

「3・11」から9年半。一人一人が〝正解の見えない問題〟と向き合い、手探《さぐ》りで歩《あゆ》んできた。悩《なや》み苦しみながら、〝負げでたまっか〟と挑戦を重《かさ》ねた日々は、きっと〝未来を照《て》らす光〟になる。

「蘇生《そせい》の力《ちから》」は誰の生命にもある

2020・12・2

この夏、大きな被害《ひがい》をもたらした「令和2年7月豪雨《ごうう》」。復興支援《ふっこうしえん》に携《たずさ》わってきた青年が「心に焼き付いて離《はな》れない」という場面を語ってくれた。浸水《しんすい》被害に遭《あ》ったお宅《たく》で、片付《かたづ》け作業を手伝った時のこと。家主《やぬし》の婦人は、作業中は気さくに振《ふ》る舞《ま》っていた。が、作業を終え、いざ廃材《はいざい》を載《の》せた車が出発する段《だん》になると、下を向き、肩《かた》を震《ふる》わせ、泣いていた。

被災地《ひさいち》には、思い入れの深かった物品を、家を、仕事をなくした方《かた》がいる。身近な人を失《うしな》った方も。そうした方々と時間を共《とも》にする中で、青年は実感した。

〝苦難《くなん》のただ中にある人は、いくら気丈《きじょう》に見えても、胸《むね》の奥《おく》に計《はか》り知れない感情をしまい込《こ》んでいる〟〝誰《だれ》だって、心の復興には時間がかかるんだ〟と。

人と関わる時、最も大切なのは相手の気持ちを知ることだろう。そのためには、まず「聴《き》く」こと。つらくて話せない人もいるかもしれない。その時は「待つ」こと。掛《か》ける言葉が見つからなくても、「祈る」ことはできる。相手を信じ、静かに見守ることが、何よりの支《ささ》えになることもある。

行動は迅速《じんそく》に。けれど、悩《なや》める友との対話は、じっくり寄《よ》り添《そ》って。どんな試練さえ幸福の糧《かて》にしゆく「蘇生《そせい》の力《ちから》」が、誰の生命にも必ずある。それを強く強く確信しよう。

復興の流れを決して止めない

2021・2・16

「3・11」の余震《よしん》とされる地震《じしん》が13日深夜、東北地方を襲《おそ》った。福島県浜通《はまどお》りでコンビニエンスストアを営《いとな》む壮年部員は「揺《ゆ》れは10年前に匹敵《ひってき》するほどだった」と語る。商品が崩《くず》れ散《ち》らかった店には、すぐさま従業員《じゅうぎょういん》らが復旧《ふっきゅう》に駆《か》け付《つ》けたという。10年前、店を営業することが、いかに地域を勇気づけたかを、身をもって知るからだろう。

壮年は続けた。「片付《かたづ》け終わると配送トラックが来て、次々と商品を補充《ほじゅう》し、朝8時半には開店できた。物流《ぶつりゅう》が止まらなかったことが大きかった」

流れを止めない――それは前を向き、歩《あゆ》み続けることを意味する。44年前の3月、池田先生は福島の地で「広宣流布は〝流れ〟それ自体である」と語った。未来へ、その流れを強く大きくしていく重要性を訴《うった》えた。変わらぬ思いで、この10年を前進してきた東北の同志の姿《すがた》が胸《むね》に迫《せま》る。

先の壮年の住む地域には高村光太郎《たかむらこうたろう》の詩「開拓《かいたく》十周年」を刻《きざ》んだ記念碑《きねんひ》がある。詩には「見わたすかぎりはこの手がひらいた十年辛苦《しんく》の耕地《こうち》の海だ」「開拓の危機《きき》はいくどでもくぐろう　開拓は決して死なん」と、強靱《きょうじん》な負《ま》けじ魂《だましい》をつづった一節がある。

フェニックス（不死鳥《ふしちょう》）のごとく、今も東北の友は苦難《くなん》に屈《くっ》せず、復興《ふっこう》の大道《だいどう》を切り開いている。私たちも心を重《かさ》ねて共《とも》に進もう。

震災を経験して見えてきたもの

２０２１・３・９

最大震度《しんど》６強を観測した先月13日の地震《じしん》が「東日本大震災《だいしんさい》の余震《よしん》」と聞いて少し驚《おどろ》いた。福島県に住む壮年が語っていた。「『災害は忘《わす》れた頃《ころ》にやって来る』と言いますが、今回は『忘れる前にやって来る』でした」

間《ま》もなく東日本大震災から10年。冒頭《ぼうとう》の壮年は、原発事故で全町民に避難指《ひなんし》示《じ》が出された富岡町から郡山市《こおりやまし》へ。３カ月の避難所生活、４年３カ月の仮設《かせつ》住宅暮《じゅうたくぐ》らしを経《へ》て、復興住宅に落ち着いた。「この10年、たくさんの方《かた》に寄《よ》り添《そ》っていただきました」

壮年は、震災を経験したからこそ見えてきたものがあるという。「笑顔の裏《うら》にはたくさんの苦労があり、人は笑顔という花を苦労の上に咲《さ》かせていける。その尊《とうと》さを感じ取れる自分になりました。これからは人に寄り添える自分になります」

試練に立ち向かう日々が、壮年を人生の深い次元へと進ませる。生きている限り、悩《なや》みや苦労は尽《つ》きないが、その苦しみや悲しみを乗《の》り越《こ》えようとするから人間として成長する。他者と同苦《どうく》する心ができていく。この繰《く》り返《かえ》しが境涯《きょうがい》となるのだろう。

私たちは被災地《ひさいち》を忘れることなく、励《はげ》ましを送り続けたい。励ましで人は立ち上がり、立ち上がった人が他の人を励ましていく。励ましの連鎖《れんさ》が「冬は必ず春となる」力《ちから》である。

「ほんとうの幸福」を教えてくれた

2021・3・10

宮沢賢治《けんじ》の『銀河《ぎんが》鉄道の夜』は、孤独《こどく》な少年ジョバンニの成長物語と読むこともできる。彼は幻想的《げんそうてき》な銀河の旅の中で世《よ》の不条理《ふじょうり》を悟《さと》り、「ほんとうの幸《さいわ》い」とは何かを追求《ついきゅう》する。

同行者は親友カムパネルラ。他者のために自《みずか》らを犠牲《ぎせい》にすることもいとわない。そんな親友との語らいを通じて、ジョバンニは「みんなの幸い」を願うようになる。突然訪《とつぜんおとず》れた親友との別れを経《へ》て彼は誓《ちか》う。「僕《ぼく》きっとまっすぐに進みます。きっとほんとうの幸福を求めます」（岩波文庫）

先日の本部幹部会で活動体験を語った壮年の心を貫《つらぬ》くのも、亡《な》き友への誓いだった。その友とは、東日本大震災《だいしんさい》で被災《ひさい》しながら同志の励《はげ》ましや救援《きゅうえん》活動に奔走《ほんそう》した当時の支部長である。

病《やまい》で霊山《りょうぜん》へ旅立つ前、支部長が日記に書き残した言葉がある。「人のために、どれだけ祈《いの》ったか、苦労したか、それが人間の真髄《しんずい》か」。幹部会で登壇《とうだん》した壮年も、かつて孤独《こどく》の身のわびしさを、支部長に支《ささ》えられた。「『人のために火《ひ》をともせば・我《わ》がまへあきらかなるがごとし』（御書1598ジペー）。この生き方に本当の幸せがある。そう確信したんです」と壮年は言う。

人生の旅路を照《て》らす哲学《てつがく》があり、苦楽《くらく》を共《とも》にして歩《あゆ》む同志がいる。「ほんとうの幸福」を東北の友は教えてくれた。

東日本大震災《だいしんさい》　不屈《ふくつ》の春秋《しゅんじゅう》10年

2021・3・11

詩人コクトーはうたった。「君の名前を彫《ほ》り給《たま》え　やがて天《てん》までとどくほど大きく育《そだ》つ木の幹《みき》に。大理石《だいりせき》と較《くら》べたら立木の方《ほう》が得《とく》なんだ　彫りつけられた君の名も一緒《いっしょ》に大きくなって行く」（堀口大學訳）

東日本大震災《だいしんさい》の後、東北の被災地《ひさいち》にある会館では植樹《しょくじゅ》が行《おこな》われた。若木《わかぎ》は新《しん》生《せい》の誓《ちか》いを込《こ》めて「福光桜《ふっこうざくら》」などと命名された。同志はわが胸中《きょうちゅう》にも〝福光桜〟を植《う》え、復興の年輪《ねんりん》を刻《きざ》んできた。

原発事故の影響《えいきょう》で各地に避難《ひなん》した友の激励《げきれい》を続ける婦人部員は「桜がいつ咲《さ》

いて、散《ち》ったのか、分からないほどの激闘《げきとう》でした」と述懐《じゅっかい》する。〝不安で眠《ねむ》れない〟と嘆《なげ》く電話口《ぐち》の友の話を何時間も聞いた。そして慈愛《じあい》の言葉で安心した友が眠りに就《つ》いたであろう時間に、御本尊の前に座《すわ》った。婦人に花を愛《め》でる余裕《よゆう》はなかったが、励《はげ》ました友が幸《さち》の大輪《たいりん》を咲かせた。

「震災直後、がれきの中に咲いた桜が忘《わす》れられない」と語るリーダーは、友と同苦《どうく》した年月をこう表現した。「人間はかくも強く、美しいと同志に教わる10年でした」

風雨に打たれることなく、大樹《たいじゅ》と育った木はない。東北の友は使命の大地に根《ね》を張《は》り、試練に耐《た》え抜《ぬ》いた。不屈《ふくつ》の春秋《しゅんじゅう》を重《かさ》ねて10年——仰《あお》ぎ見《み》る〝希望の大樹〟は、これからもたくましく未来へと伸《の》びてゆく。

人が人を思う心は何よりも美しい

2021・3・12

東日本大震災《だいしんさい》からの10年は、東北の友にとって、愛する人を失《うしな》い、それでも少しずつ前を向いた10年であった。誰《だれ》かの思いも一緒《いっしょ》に抱《だ》き締《し》めながら歩《あゆ》んできた、それぞれの一日一日がある。

発災時《はっさいじ》、中学1年だった福島県出身の女子部員は、津波で親友を失った。原発事故で避難《ひなん》も強《し》いられた。避難先で〝自分の気持ちは誰にも分かるはずがない〟と思ったが、支《ささ》えてくれる友に出会うことができた。修学旅行にも「一緒に連《つ》れていこう」と亡《な》き親友の写真を携《たずさ》えるよう勧《すす》めてくれた。震災の後、初めて心を開《ひら》けた。
双葉《ふたば》町の「東日本大震災・原子力災害伝承館《でんしょうかん》」で語《かた》り部《べ》を務《つと》める婦人部員。避難生活のさなか、望郷《ぼうきょう》の思いを抱《いだ》いたまま両親が亡くなった。〝間《ま》に合わなかった〟と肩を落とす彼女に寄《よ》り添《そ》う同志がいた。「大丈夫《だいじょうぶ》。きっとあなたの思いは両親に伝わっているよ」
今年の「3・11」の前日、伝承館で婦人は率直《そっちょく》な思いを来館者に語った。「無数の励《はげ》ましに包《つつ》まれて今、ここにいます。私が語り伝えたいのは、人が人を思う心の美しさです」
人と人とのつながりは何物にも代《か》え難《がた》い。悲嘆《ひたん》の壁《かべ》を破《やぶ》り、明日《あす》を開く力《ちから》になる。東北家族の固い絆《きずな》は「未来までの・ものがたり」（御書1086㌻）として、まばゆい輝《かがや》きを放《はな》ち続けていく。

第3章

女性は光

女性は太陽だ。全生命を慈しむ。幸福を愛する。正義に生き、悪を許さない。時代を変え、社会を動かし、世界を照らしていく。まさに希望の光である。

一番好きな料理は「お母さんのみそ汁です」

2018・9・26

一番好きな料理は何ですか――そう問われた少年部員は「お母さんのみそ汁です」と答えた。あるテレビ番組の企画《きかく》である。

大手菓子メーカーの協力のもと、選抜《せんばつ》された8人の子どもたちがアイデアを出し合い、「人の心をつかむ商品を生み出そう」というもの。彼は「みそ汁味のポテトチップス」を思い付く。

題目をあげる中、一つの記憶《きおく》がよみがえったという。幼《おさな》い頃《ころ》は病弱で入退院を繰り返していた。野菜が嫌《きら》いな彼のため、母親はさまざまな野菜を細《こま》かく刻《きざ》んで、みそ汁に入れてくれた。〃元気になって、いつも笑顔でいてほしい〃と。そんな母の真心に少年は気付く。「食べたらホッとする。大切な人を思い出すような味にしたい」。彼の提案は皆の心を動かし、最終選考《せんこう》に残った。

日蓮大聖人の御書に、新尼御前《にいあまごぜん》から甘海苔《あまのり》一袋が届《とど》けられたことに対する御《ご》返事《へんじ》がある。身延《みのぶ》の地にあった大聖人にとって、それは故郷・安房《あわ》の国の潮《しお》の香《かお》りと〃懐《なつ》かしい味〃を伝えるものだった。亡《な》き父母を思い出し、涙《なみだ》を抑《おさ》えることができないと認《したた》められている（904ページ）。

日々の食事は、たとえ簡素《かんそ》であっても、大人が愛情を込めたものは、子にとって最高の〃体と心の栄養〃になり、人生を支《ささ》える力《ちから》となろう。心を育てるものは心である。

平和を祈っていける子に育ってほしい　2019・1・13

「昭和」が終わり、「平成」が始まったのは30年前の1月8日。元号には〝国の内外と天地の平和が達成される〟との意味が込められている。

この日の未明、〝平成最初のベビー〟が各地で誕生した。あるニュース番組では、新潟の病院で母親になったばかりの女性の姿《すがた》が映《うつ》された。

どんな人に育ってほしいかとリポーターに問われ、「平和を祈っていける子に」と答えた女性は学会の婦人部員。〝自分だけよければいいという生き方ではなく、思いやりのある人になってほしい〟と願った。30年後の今月8日、激動《げきどう》の平成を振り返る番組に登場した彼女は、真情を次のように語った。５人の子の母となった今、未来を生きるわが子には、どんな苦難《くなん》があっても力強く人生を歩んでほしい、と（ＮＨＫ「クローズアップ現代＋《プラス》」）。

あの日、生まれた長男は、高校を卒業後、創価大学に進学。現在は社会の第一線で奮闘《ふんとう》する傍《かたわ》ら、東京で学会活動に励《はげ》む。平和の志《こころざし》は脈々と受《う》け継《つ》がれている。

池田先生は全《すべ》ての母をたたえ、詩につづった。「母の願いは／永遠なる和楽《わらく》と平和の世界だ。／仏法では／これを広宣流布という」。自他共《じたとも》の幸福を祈る心から、平和の世紀は始まる。母と子の笑顔が輝く時代へ、今日も生き生きと挑戦を開始しよう。

女性が全《すべ》ての始まりの土台をつくる

２０１９・１・31

「心に届《とど》く言葉」とは、どんな言葉だろう？　先日、出版された『樹木希林《ききききりん》120の遺言《ゆいごん》』（宝島社）を読み、改《あらた》めて考えさせられた。

本書は、〝ありのままの自分〟を貫《つらぬ》いた樹木さんからの「贈る言葉」。「幸せというのは『常にあるもの』ではなくて『自分で見つけるもの』」「マイナスの出来事《できごと》も含《ふく》めて、自分の栄養かな」。誰人《たれびと》も避《さ》けることができない「生」「老」「病」「死」をはじめ、「人」「絆《きずな》」「家」「務《つとめ》」のテーマで紹介されている。

「がんがなかったら、私自身がつまらなく生きて、つまらなく死んでいったでしょう。そこそこの人生で終わった」とは、闘病《とうびょう》生活について語った言葉。

「やっぱり世の家族が崩壊《ほうかい》しないのは、女の粘《ねば》り強さですよ。女が台となって〝始〟って漢字になる。全《すべ》ての始まりの土台を作るのが女だからね」

文は人なり。一言一言の中に樹木さんの生き方が凝縮《ぎょうしゅく》している。仏法は「無作三身《むささんじん》」と説《と》く。つくろわず、ありのままの自分で生きる大切さを教える。人は結局、自分自身にふさわしい人生を生きるもの。ならば、自分自身に正直に生き抜きたい。

「正直は――どこでも通用する唯一《ゆいいつ》の貨幣《かへい》である」（北御門二郎訳）。ロシアの文豪《ぶんごう》トルストイが書きとどめた中国のことわざである。

「小さな」行動が変革の「大河」に

2019・7・21

本年、米アカデミー賞で4部門を受賞した「ボヘミアン・ラプソディ」。英国のロックバンド「クイーン」を題材にしたこの映画の最大の山場は、チャリティーコンサート「ライブ・エイド」（1985年）での演奏シーンである。

同コンサートが行われる契機《けいき》となったのは、英国のテレビがエチオピア飢饉《ききん》の惨状《さんじょう》を、ある看護師の姿《すがた》とともに伝えたことだ。この看護師は今春、創価大学を訪問したクレア・バーチンガー博士。長年、紛争《ふんそう》地帯で医療《いりょう》活動に従事《じゅうじ》してきた。

創大で博士が語った話が印象的だった。戦闘が続くアフガニスタンでゲリラの司令官に尋《たず》ねられた。「あなたのような優《やさ》しい女性が、こんな現状を変えられると思うのか?」。博士は一つの格言を思い出し、こう答えたという。「水ほどに甘《あま》く、優しく、やわらかいものはない。でも、水には山を動かすだけの力《ちから》がある」

水は人々の渇《かわ》きを癒《い》やし、命を支《ささ》える存在だが、それだけにとどまらない。大きなうねりとなれば、大地を削《けず》り、山をも動かすほどの巨大《きょだい》なパワーを持つ。民衆の力も水の流れに例えられるだろう。一人一人の行動は「小さな」ものかもしれない。だが、その積み重《かさ》ねは「大河」となって社会を変えていく。未来を創《つく》るのは、私たちの今日の一歩である。

笑顔は幸福を開く懸《か》け橋《はし》

2019・8・7

深夜のテレビ中継《ちゅうけい》にくぎ付けになった人もいただろう。ゴルフの全英女子オープン。昨年7月にプロテストに合格したばかりの渋野日向子選手が、海外初参戦で優勝を果《は》たした。日本勢42年ぶり、史上2人目のメジャー制覇《せいは》という快挙である。

笑顔でプレーする姿が、海外メディアから「スマイル・シンデレラ」と名付けられた。最終日、優勝争いの緊張《きんちょう》にもかかわらず、ラウンド中にファンとハイタッチ。そんな彼女を、42年前に全米女子プロを制した樋口久子さんは「新人類」と呼び、新世代の活躍《かつやく》をたたえた。

渋野選手の同世代には、勝みなみ選手や畑岡奈紗選手など、国内ツアーの優勝者が何人もいる。「黄金世代」といわれつつも後《おく》れをとっていた渋野選手は、何度も悔《くや》し涙《なみだ》を流してきた。彼女の笑顔は苦しい時期を乗り越えた勝利の輝《かがや》きでもあった。

英語の「ｓｍｉｌｅ」には「運が開ける」という使い方もある。ドイツの文豪ゲーテは「勇敢《ゆうかん》に、誠実《せいじつ》に耐《た》え抜《ぬ》くものにのみ、幸運は微笑《ほほえ》みかける」（国松孝二訳）と。「笑顔」は人間としての強さの証《あか》しでもあろう。

御書に「喜とは自他共《じたとも》に喜ぶ事なり」（761ジペー）と。笑顔は自分の喜びの発露《はつろ》であるだけでなく、周囲の人々にも喜びを広げていく。自他共の幸福を開く懸《か》け橋《はし》である。

広宣流布は女性の力《ちから》で成《な》し遂《と》げられる

２０１９・８・31

気象学者・野中到《いたる》が私財《しざい》を投じて、富士山頂に気象観測所を建設したのは、明治28年（１８９５年）８月のこと。その年の冬、彼は過酷《かこく》な環境の中で富士山の連続気象観測に挑《いど》んだ。妻の千代子も夫の後を追って登頂《とうちょう》する。

野中夫婦の挑戦を、作家・新田次郎は小説『芙蓉《ふよう》の人』で、千代子を主人公にして描《えが》いた。池田先生はかつて、女性誌の取材で〝結婚した女性にすすめたい本〟を尋《たず》ねられた折、『芙蓉の人』を挙《あ》げている。

小説の中で千代子は、食事や生活環境などの面で〝女性の視点〟を存分《ぞんぶん》に生かした。交代で観測にも当たった。彼女の笑顔が苦境打開《くきょうだかい》の力《ちから》になった。新田は「千代子のことを調べれば調べるほど彼女の偉大さが私に肉薄《にくはく》して来た」と。富士山頂での気象観測は、千代子の存在なくしてはなし得なかった。

支《ささ》え合《あ》う同志がいてこそ、大事業の実現はある。なかんずく、女性の力は偉大だ。世界広布の歴史も、幾多《いくた》の女性の勇気ある行動によって切り開かれてきた。戸田先生は「広宣流布は女性の力で成《な》し遂《と》げられる」と断言している。

芙蓉の花は夏の今、咲《さ》き誇《ほこ》る。花言葉の一つは「熱い思い」。「自他共《じたとも》の幸福」を願い、地域で対話の花を咲かせゆく創価の女性に深く感謝しつつ、心一つに広布の山を登攀《とうはん》しよう。

娘の新しい誕生日は「世界池田華陽会《かようかい》の日」

2020・7・11

若《わか》くして亡《な》くなった娘《むすめ》の十三回忌《かいき》に際《さい》し、母である婦人から投稿《とうこう》が寄《よ》せられた。8日付の本紙「声」欄《らん》に掲載《けいさい》され、感動を広げている。

女子部「池田華陽会《かようかい》」の1期生だった娘が、突然《とつぜん》、病《やまい》に倒《たお》れ、帰らぬ人になったのは2008年のこと。使命ある娘はすぐに生まれ変わってくるからと、母は、命日《めいにち》である6月4日を、娘の新しい誕生日《たんじょうび》に決めた。

翌年の〝誕生日〟にドラマは起こった。池田先生ご夫妻が信濃町の創価女子会館を初訪問《はつほうもん》し、「池田華陽会」の友を激励《げきれい》したのだ。さらにその日が「世界池田華陽会の日」に制定された。

日蓮大聖人の門下に、幼《おさな》くして亡くなった娘の十三回忌の追善《ついぜん》をした夫妻がいた。それに対し大聖人は、追善の題目の功徳《くどく》がいかに大きいかを述《の》べられ、残された家族は「百二十歳までも長生きするでしょう」（御書1335ページ、趣意《しゅい》）と励《はげ》まされている。娘の分《ぶん》までも生き抜《ぬ》いて、お幸せにとのあふれる慈愛《じあい》が拝《はい》察《さつ》される。

投稿した母が娘のことを文字にするまでに、どれほどの涙《なみだ》が流され、祈りがささげられたことか。投稿が掲載された7月8日は、偶然《ぐうぜん》にも婦人の傘寿《さんじゅ》（80歳）の誕生日。優《やさ》しかった娘から母への贈《おく》り物《もの》のようにも思えた。

真心こもる読者の皆さまの投稿に、いつも感動を頂《いただ》いています。

母を大切にすれば平和の世界ができる

2020・9・1

来《く》る日も来る日も、母は子の帰りを待ち続けた。往年《おうねん》の名曲「岸壁《がんぺき》の母」のモデル・端野《はしの》いせさん。戦後、東京・大森（当時）に居住しながら、1981年に逝去《せいきょ》するまで、出征《しゅっせい》した一人息子の生存《せいぞん》と復員《ふくいん》を信じ続けた。復員船が京都・舞鶴《まいづる》に入港すると、その港に立った。

「『岸壁の母』を聴《き》くと、母の姿《すがた》を思い出します」。沖縄の水納《みんな》島で生まれ育った婦人。物心《ものごころ》ついた時すでに、長兄は徴兵《ちょうへい》され、沖縄本島にいた。終戦後、母は毎日のように浜辺《はまべ》に行き、島に到着《とうちゃく》する船に息子の姿を捜《さが》し続けた。

戦時中、兄は一度だけ島に戻《もど》ってきた。両親は再び戦地に向かうことを必死に止めた。だが、兄は「逃《に》げたことが知られたら殺される」。戦死の報《ほう》が届《とど》いたのは、終戦から10年以上も後《あと》のことだった。

戦争で愛する人を奪《うば》われた悲しみは、どれだけ時が過ぎようとも、決して癒《い》えることはない。戦争体験を取材するたび、〝先《さき》の戦争の悲惨《ひさん》は、75年前の8月15日に終わったのではない〟と思う。

池田先生は詠《よ》んだ。「世界の人びとが／一人も残らず／母を大切にすれば／自然のうちに／平和の世界が出来上《できあ》がる。／幸福《こうふく》の道が創《つく》り上げられる」

〝母たちが涙《なみだ》に暮《く》れた歴史を二度と繰《く》り返《かえ》さない〟――その誓《ちか》いが崩《くず》れぬ平和の礎《いしづえ》となる。

真の自由は〝わが胸中〟にある

2020・11・4

東北の山村《さんそん》に暮《く》らす婦人を描《えが》いた、松山善三《ぜんぞう》監督《かんとく》の「母」という映画《えいが》がある。幼《おさな》い5人の子がいたが、事故で全身まひとなった夫を28年間、介護《かいご》した実話を基《もと》にしている。

映画では、夫をみとった翌年《よくねん》、婦人が「アメリカに行って自由の女神《めがみ》を見たい」と告《つ》げる。子らは〝父の看病《かんびょう》で村さえ出たことのない母が?〟と驚《おどろ》いた。だが婦人は渡米《とべい》を実現。帰国第一声が感慨《かんがい》深い。「自由の女神ちゅうから、わだす（私）は、どこへでも飛んでゆく女神かと思ったら、おらとこの田んぼよりもちいせぇ島に、ボヤーッとつっ立っているだけでねぇの……面白《おもしろ》くもねぇ。わだすと同じだ……」と。真の自由は〝どこか〟ではなく、〝わが胸中《きょうちゅう》〟にあるという意味を込《こ》めて。

ある婦人部員が病《やまい》を患《わずら》った。手術の成功に安堵《あんど》したが、後《のち》に再発。余命宣告《よめいせんこく》も受けた。看護師《かんごし》だった彼女は現実的な不安に襲《おそ》われた。

それでも「宿命《しゅくめい》の鉄鎖《てっさ》に縛《しば》られる〝不自由〟を信心で断ち切る」と夫婦で祈り抜《ぬ》いた。現在、彼女は病魔《びょうま》に打ち勝ち、はつらつと学会活動に励《はげ》み、周囲に希望を送る。

「自由」とは、快適さや享楽《きょうらく》に満《み》ちた〝苦労のない〟状態ではない。厳《きび》しい現実や宿命を見下《みお》ろしながら、悔《く》いのない挑戦で勝利の人生を力強《ちからづよ》く切り開《ひら》いていく境涯を指《さ》す。

第4章

師弟の道

偉大なる師と共に生き抜くことができる。
これ以上の喜びと感謝はない。師の大恩に
報いる道は、弟子が勝利することである。

「学会精神の魂　此《ここ》に存《そん》する也」

2018・9・1

「『人間革命』の此《こ》の原稿は／わが師　戸田城聖先生の真実の／広布への大ロマンにして／弟子　池田大作が／確かに書き留《とど》めしもの也《なり》／一切の批難《ひなん》と謀略《ぼうりゃく》の言を／信ずること勿《なか》れ／わが門下に深く留む」。1980年（昭和55年）5月3日、池田先生は関西で、そう綴《つづ》った。

当時、先生と会員の絆《きずな》を断ち切ろうとする謀略の嵐《あらし》が吹《ふ》き荒《あ》れ、『人間革命』の連載は、78年8月3日を最後に休載《きゅうさい》となっていた。冒頭《ぼうとう》の一文を記《しる》した2カ月後、先生は再《ふたた》び『人間革命』の執筆《しっぴつ》を始める。

この時、先生は体調を崩《くず》していた。ペンを持つこともできないため、口述《こうじゅつ》筆記を続けた。そうして本紙で再開されたのが、第11巻「転機《てんき》」の章。題名の通り、連載は全同志の勇気を鼓舞《こぶ》し、正義の反転攻勢《こうせい》を開始する転機となった。

広布拡大の歴史は常に、『人間革命』『新・人間革命』と共にあった。米デューイ協会のジム・ガリソン元会長は、同書を学ぶ上での大切な点として、「『人間革命』を読んだ一人一人が、自《みずか》らの〝人間革命〟の物語を綴り残せるよう努《つと》めていくこと」と述べた。

『人間革命』の原稿の綴りに、先生は記した。「信心の真髄《しんずい》／学会精神の魂／此《ここ》に存《そん》する也」。師が魂魄《こんぱく》をとどめる一文字一文字を、行動の中で生命に刻《きざ》みたい。

「毎日、手紙をつづる思いで」

2018・11・1

タバコをくゆらせながら、流れる涙《なみだ》を拭《ぬぐ》いもせず、文豪・吉川英治は礼状を書いていた。1960年11月5日、文化勲章を受章した2日後のことである。

礼状の相手は、印刷所で働く18歳の青年。受章祝《いわ》いにと、青年はタバコと共に、二十数枚の手紙を文豪に送った。それは寝る前のわずかな時間を使い、1週間かけて書いたもの。手紙の最後には〝タバコは、ぼくの気持ちです〟とある。この一文に、文豪は胸打たれた（『人間　吉川英治』六興出版）。

家計を支《ささ》えるため、吉川氏は印刷所で働いたことがある。その苦労を知るゆえに、青年の真心に涙したのだろう。文豪は庶民《しょみん》を愛し、庶民から学んだ。だからこそ、小説は今も生き続け、庶民の生きる力《ちから》を奮《ふる》い起こし続けるのだ。

池田先生も若き日の一時、印刷工として働いた。広布旅の寸暇《すんか》を割《さ》いて、はがきや便箋《びんせん》に激励のペンを走らせた。小説『新・人間革命』の執筆《しっぴつ》は、民衆の中に飛び込み、励まし続けた激闘の延長線上にあった。先生は「毎日、手紙をつづる思いで」書き続けたと述懐《じゅっかい》している。

文にもさまざまな流儀《りゅうぎ》があり、目的がある。『新・人間革命』は庶民に寄《よ》り添《そ》い、励ますために書かれた民衆賛歌《さんか》。その「心」をこそ味わい、自身の人間革命に挑《いど》みたい。

師の「構想」を　弟子が「実現」

2018・11・18

初代会長・牧口常三郎先生の大著《たいちょ》『創価教育学体系《たいけい》』は本来、全12巻の構想だった。だが発刊されたのは、理論編としての第4巻まで。続きは弟子たちの教育実践《じっせん》記録をまとめ、完結させることを、先生は願った。

しかし、民衆の幸せを目的とする「人間教育」を掲《かか》げた先生を、国家主義教育を進める、時の軍部政府は弾圧《だんあつ》した。

牧口先生の獄死《ごくし》を、弟子の第2代会長・戸田城聖先生は「『薬王菩薩《やくおうぼさつ》』の身の供養《くよう》」と語った。薬王菩薩がわが身を燃やして仏に供養した〝光〟は、80億ものガンジス川の砂のごとき無量《むりょう》の世界を照らしたとされる。

人々に幸福の光を送るという〝師の心〟を戸田先生が継承《けいしょう》した。獄中《ごくちゅう》闘争を勝ち越え、平和創造《そうぞう》の広布拡大に人生をささげた。その恩師の生涯《しょうがい》と精神を後世に誤《あや》りなく伝えるため、第3代会長・池田大作先生は小説『人間革命』を執《しっ》筆《ぴっ》。さらに、創価後継の「弟子の道」を示すため、小説『新・人間革命』を書きつづった。

『人間革命』は「黎明《れいめい》」、『新・人間革命』は「旭日《きょくじつ》」——共に最初の章のタイトルは、闇《やみ》を破《やぶ》る〝光〟である。池田先生は記《しる》した。「師の偉大な『構想』も、弟子が『実現』していかなければ、すべては幻《まぼろし》となってしまう」と。弟子が決然《けつぜん》と立てば、創価の光は未来を照らし続ける。

初出勤70年 子らに「偉大なる夢」を

2019・1・4

池田先生が戸田先生の膝下《しっか》で青春を歩み始めたのは70年前の1月3日。東京・西神田にあった恩師の出版社・日本正学館《しょうがっかん》に出勤して以降である。

入社後に担当し、やがて編集長を任《まか》されたのが少年誌「冒険少年」（後に「少年日本」）だった。同誌が発行された期間は2年。デフレ不況《ふきょう》のあおりで短命《たんめい》に終わるが、〝子らに偉大《いだい》なる夢《ゆめ》を〟と打ち込んだ21歳の熱に打たれ、多くの読者の記憶《きおく》に残った。

読者だけではない。「冒険少年」を大事に持っていた漫画家がいる。手塚治虫氏である。ある時、個室にあった同誌を取り出し、スタッフに見せた。「僕《ぼく》はこの『冒険少年』に描いてみたいと思っていた」「この本からは何か特別な情熱みたいなものを感じたよ」「でも、この雑誌は僕が上京したころには廃《はい》刊《かん》になっていたんだ（中略）自分から是非《ぜひ》描きたいと思った雑誌は、当時はこの本くらいだったねエ……」（『日本のレオナルド・ダ・ヴィンチ　手塚治虫と6人』平田昭吾ほか共著、ブティック社）

70年の歳月《さいげつ》は西神田の街を一変《いっぺん》させ、正学館の跡地《あとち》は商業ビル前の広場になっている。だが子らを愛する情熱は消えない。91歳の今も先生は、「未来ジャーナル」「少年少女きぼう新聞」に連載を書き、「偉大なる夢」を贈り続ける。

原点を持つ人生は素晴らしい

2019・4・8

版画家の棟方志功《むなかたしこう》が無名だった頃《ころ》、青森の地元紙に氏の作品が紹介された。文化欄に掲載された記事は「5行」。だが、それを読んで感激し、東京に出る決意を固めたと、氏は後年の手記につづっている（『わだばゴッホになる』日本経済新聞社）。

〝わずか5行〟と思えば、〝世界のムナカタ〟は生まれなかったかもしれない。一つの出来事も、その捉《とら》え方《かた》いかんによって人生は大きく変わっていく。

50年前、本州最北の下北半島に住む一人の中等部員が、部員会の集合写真と手紙を池田先生に送った。後日、彼の元に書籍が届く。開けてみて驚《おどろ》いた。扉《とびら》には「此《こ》の写真の友と　十年後に必ず会おう」との言葉が記《しる》されていた。彼は師の期待を真っすぐに受け止めた。10年後、青森を訪《おとず》れた先生と、彼らは出会いを果たした。

この日から40年を経《へ》た先日、写真に写《うつ》った友の代表が青森で再会の集いをもった。写真を届けた当の彼は創価大学を卒業後、青森で教員となり、小学校長まで歴任《れきにん》。他のメンバーも、広布と社会を支《ささ》える柱の存在となった。近況《きんきょう》を報告し合う友の笑顔が、原点を持つ人生の素晴らしさを物語っていた。

原点を大切にし、困難にぶつかるたびに、そこに立ち返る人は負けない。そして、師弟という原点ほど強いものはない。

小説に学び　師の心に触《ふ》れる日々

２０１９・８・３

昭和の名作を彩《いろど》ってきた挿絵《さしえ》画家の岩田専太郎。吉川英治の『鳴門秘帖《なるとひちょう》』の挿絵を手掛《てが》けた時、驚《おどろ》いたことがあった。連載《れんさい》の最後の原稿を、吉川自身が持ってきたのである。「この小説も今日で終《おわ》るから、一緒に飯《めし》でも食べようと思ってネ」

当時、挿絵画家としては、まだ駆《か》け出《だ》しにすぎない。そんな彼を人気作家は心を込めてねぎらった。岩田は振り返っている。「一挿絵画家に対するいたわりは、おそらく他人全部に対しての温かい気持《きもち》の一部であろう」。この〝人を思いやる気持ち〟が文豪の小説の根底に流れている、と（『吉川英治とわたし』講談社）。

小説『新・人間革命』の挿絵を担当した内田健一郎氏は当初、20回近く描き直すことも。1枚の挿絵が出来上がるのに平均して7時間ほどを要《よう》した。『新・人間革命』の挿絵は試行錯誤《しこうさくご》の連続だった。

苦闘《くとう》する氏に、池田先生は「三世まで　共に画伯《がはく》と　作者かな」との句を贈り、たたえ励ました。苦心の末に生み出された挿絵は、多くの読者の心を捉《とら》えた。

画家・東山魁夷《かいい》は、吉川の作品を読むことは、「直接、（吉川）先生の心に触《ふ》れる喜びである」（前掲書）と。池田先生が『新・人間革命』の最終章を脱稿《だっこう》して間もなく1年。小説に学び、師の心に触れる日々でありたい。

人々に真心を 励ましを 勇気を 希望を

２０２０・７・３

「御手紙拝見《おてがみはいけん》、くりかえし　くりかえし　楽しんでいます」。大戦中、軍部《ぐんぶ》権力《けんりょく》に捕《と》らわれた牧口先生を支《ささ》えた一つが手紙だった。獄中《ごくちゅう》に届《とど》く家族からの手紙を生きる励《はげ》みとし、自《みずか》らもペンを執《と》り、つづった。１９４３年（昭和18年）７月６日の逮捕《たいほ》から殉教《じゅんきょう》までの1年4カ月に書いた家族宛《あ》ての書簡31通が残されている。

同じく牢獄《ろうごく》にあった戸田先生は、子息《しそく》への手紙に〝同時刻《どうじこく》に題目を唱《とな》えよう〟と書き送った。父と子の〝同盟《どうめい》唱題〟である。コロナ禍《か》にあっても、手紙等で心を結《むす》び、祈《いの》りを広げる世界の創価の友を、両先生が頼《たの》もしく見つめておられるだろう。

池田先生が事実《じじつ》無根《むこん》の罪で逮捕されたのは57年（同32年）7月3日。権力の魔性《ましょう》と戦った三代の会長によって、法華経《ほけきょう》の「不惜身命《ふしゃくしんみょう》（身命を惜《お》しまず）」の精神は現代によみがえった。池田先生は語る。不惜身命とは「命を粗末《そまつ》にするということではない。自分の尊《とうと》い生命を、仏法のために惜しまず使っていくということです」と。

人から〝奪《うば》う〟のではなく、〝与《あた》える〟ことを教えたのが仏法。人々に真心を、励ましを、勇気を、希望を与えていく。その努力と祈りが、自身の小さな殻《から》を破《やぶ》る。

世界広布を実現してきた三代の師匠《ししょう》と創価の父母《ちちはは》たちの不惜身命の魂《たましい》を受《う》け継《つ》ぐ、誓《ちか》いの月としたい。

師匠から受け取った優勝旗

2020・8・7

〝史上最大の復活劇《ふっかつげき》〟に沸《わ》いた大相撲《おおずもう》の7月場所。返《かえ》り入幕《にゅうまく》の元大関・照ノ《てるの》富士《ふじ》が5年ぶり2度目の優勝《ゆうしょう》を果たした。

「落ちているときも応援《おうえん》してくれた方々に、恩返しがしたかった」。5年前の大関昇進後《しょうしんご》、照ノ富士は両膝《りょうひざ》の負傷《ふしょう》や内臓疾患《ないぞうしっかん》などに苦しんだ。「横綱候《よこづなこう》補《ほ》」の呼《よ》び声が高かったが、序二段《じょにだん》まで番付《ばんづけ》を落とした。

元大関の幕下《まくした》以下での現役続行は前例がない。照ノ富士は引退を申し出た。だが、伊勢ケ浜《いせがはま》親方は慰留《いりゅう》し続けた。「序二段で勝つことは恥《は》ずかしいことじゃない」「まず体を治《なお》そう」。弟子を思い、復帰を諦《あきら》めない師匠《ししょう》の度重《たびかさ》なる激励《げきれい》に、〝もう一度、新弟子の決意でやり直そう〟と決め、心身《しんしん》を徹底《てってい》して鍛《きた》え直した。優勝旗《ゆうしょうき》は、審判《しんぱん》部長の師匠から受け取った。

逆境《ぎゃっきょう》は、人間の真価《しんか》を問《と》う試金石《しきんせき》でもある。70年前の8月、池田先生は恩師・戸田先生の事業難《じぎょうなん》の打開《だかい》に奔走《ほんそう》する中、日記にこうつづった。「地に依《よ》って倒《たお》れた者は、地に依って起《た》つ以外ない。この現状を、再起《さいき》させれば、最大の活躍の証明となる」

相撲の勝負は、〝立ち合いで決まる〟といわれる。勇気を奮《ふる》い起こし、グッと力《ちから》を込《こ》めて踏《ふ》み出す大切さは、人生も同じだ。その一歩が、かつてのつまずきも「敗北」ではなく、「勝利の因《いん》」へと変えていく。

社会の歪《ゆが》みと権力《けんりょく》の本質を洞察《どうさつ》する書

２０２０・９・９

ユゴーの『レ・ミゼラブル』とデュマの『モンテ・クリスト伯《はく》』。恩師・戸田先生が青年に読ませた二つの文学作品には共通点がある。

それは、主人公が投獄《とうごく》されていること。『レ・ミゼラブル』のジャン・バルジャンは、家族のためにパンを盗《ぬす》み、裁判《さいばん》で有罪を宣告《せんこく》された。『モンテ・クリスト伯』のエドモン・ダンテスは無実の罪にもかかわらず、尋問《じんもん》のみで孤島《ことう》の牢獄《ろうごく》に送られた。

思えば、ドストエフスキーの『カラマーゾフの兄弟』やトルストイの『復活』

など、今も読《よ》み継《つ》がれる文学には、裁判のシーンが書かれているものが少なからずある。この点について、〝裁判にこそ、社会の矛盾《むじゅん》が最も映《うつ》し出されるため〟と指摘《してき》する識者もいる。

優《すぐ》れた文学には、主人公の内面に焦点《しょうてん》を当てるのと同時に、社会の不平等を鋭《するど》く洞察《どうさつ》したものが多い。小説『人間革命』『新・人間革命』にもまた、山本伸一が無実の罪で逮捕《たいほ》・投獄された「大阪事件」の裁判を通して、社会の歪《ゆが》み、権力《けんりょく》の本質がつづられている。

同書は、魂《たましい》の翼《つばさ》を広げることを促《うなが》す「人生の教科書」であり、共生《きょうせい》の時代を開《ひら》く方途《ほうと》を示した「未来を照《て》らす明鏡《めいきょう》」である。新聞連載《れんさい》の完結から8日で2年。人間主義の文学の系譜《けいふ》に連《つら》なった、後世《こうせい》に残る世界的作品になるに違《ちが》いない。

「記念撮影は同志との無言の誓いです」

2020・10・9

公開中の映画《えいが》「浅田家《あさだけ》!」のテーマは「家族」である。ユニークな家族写真を撮《と》り続けてきた写真家・浅田政志《まさし》さんの実話を基《もと》にした物語だ。

主人公が東日本大震災《だいしんさい》の被災地《ひさいち》で、写真洗浄《せんじょう》のボランティアに汗を流す場面がある。泥《どろ》をかぶった写真をきれいにして戻《もど》すと、持ち主は目を潤《うる》ませる。家族との思い出がよみがえるのだろう。かつて浅田さんは本紙のインタビューに答え、人が写真を見たくなる理由を〝自分の大切な何かを確認《かくにん》するため〟だと言った。

学会員宅を訪《おとず》れると、それを実感《じっかん》する。池田先生と本人や家族がカメラに納《おさ》まった一枚を目にする時だ。「写真を見つめては、あの日の励《はげ》ましを思い出し、どんな苦難《くなん》も乗《の》り越《こ》えてこられたんです」と語る友は少なくない。

先生が同志との記念撮影会を開始したのは1965年。これまで何人と記念撮影したのかを今春、本紙記者が調べたところ、最初の8年3カ月で少なくとも延《の》べ71万8550人に及《およ》ぶことが分かった。

「記念撮影は同志との無言の誓《ちか》いです」と、先生は語っている。写真は過去の記憶と共《とも》に、その時の「心」まで呼《よ》び起《お》こす。「原点」を持てる人は幸福である。そしてその「原点」を、〝創価家族〟という無数の庶民《しょみん》と分かち合ってきた師の偉大《いだい》さを思う。

報恩《ほうおん》の誓《ちか》いを新たに

2020・11・18

「言語に絶する歓喜《かんき》を以《もっ》て殆《ほと》ど六十年の生活法を一新《いっしん》するに至《いた》った」。初代会長・牧口先生の入信は、57歳の時。仏法を語り広げる中で〝新しい親友は百名にも上《のぼ》った〟と、多くの出会いがあったことを喜んだ。

第2代会長・戸田先生は同じ57歳の時、夕張炭労《ゆうばりたんろう》事件や大阪事件など、学会を襲《おそ》う障魔《しょうま》の嵐《あらし》と戦った。その中で世界平和を展望《てんぼう》し、「原水爆《げんすいばく》禁止宣言《せんげん》」を発表。さらに、生涯《しょうがい》の願業《がんぎょう》である75万世帯の弘教《ぐきょう》を達成した。

今月の本部幹部会で「大心《だいしん》」の書が紹介《しょうかい》された。第3代会長・池田先生が殉《じゅん》教《きょう》の先師を偲《しの》び、筆を執《と》ったのも57歳の時だった。この年、先生は恩師の享年《きょうねん》が58歳だったことに思いを巡《めぐ》らせた。小説『新・人間革命』第30巻〈下〉「誓《せい》願《がん》」の章に、「師の分《ぶん》までも、生きて生きて生き抜《ぬ》いて、世界広宣流布の永遠の基盤《きばん》をつくらねばならない！」と、その時の真情《しんじょう》が記されている。

池田先生の行動を貫《つらぬ》くもの――それは、先師・恩師への「報恩《ほうおん》」である。恩を知り、恩を報じることに、人間としての最も崇高《すうこう》な生き方がある。「報恩」こそ「大きな心」の表れにほかならない。

三代会長の不惜身命《ふしゃくしんみょう》の闘争《とうそう》によって、私たちは信心の偉大《いだい》さを知ることができた。報恩の誓《ちか》い新たに、学会創立《そうりつ》90周年の「11・18」から出発したい。

新たな〝人間革命〟の主人公は「私」

2020・12・1

「すべての人間は、物語を語り、物語を聞き、そして暮《く》らしをたてるために物語を持ちたいとの内的要求を持っている」。ハーバード大学の宗教学者ハービー・コックス名誉教授の考察《こうさつ》だ。

教授は、宗教的表現の手段《しゅだん》として、特に重要な一つの物語が「自叙伝《じじょでん》」であると指摘《してき》。私たちがそこから学ぶのは「物語の筋《すじ》」よりも、「語り手《かたりて》」そのものについてである、と述べている（『民衆宗教《みんしゅうきょう》の時代』新教出版社）。

読む人の置かれた状況や環境によって、物語の捉《とら》え方は異《こと》なる。物語の主人公の苦悩《くのう》や葛藤《かっとう》や歓喜《かんき》に触《ふ》れて、自分の人生への向き合い方が変わっていく。ここに、物語を読む醍醐味《だいごみ》があろう。

今、世界の各地で小説『人間革命』『新・人間革命』の研さんが進む。共通するのは、「読む」だけに終わらず、多くの読者が、山本伸一の生き方を心に刻《きざ》み、行動に移していることである。「精読《せいどく》」しつつ「身読《しんどく》」する――それこそ、半世紀以上に及《およ》ぶ池田先生の執筆闘争《しっぴつとうそう》に報《むく》いる「物語の読み方」に違いない。

先生は『人間革命』『新・人間革命』が紡《つむ》ぐ物語は「連載《れんさい》の完結をもって終わるものでは決してない」と記した。生命と社会の蘇生《そせい》への新たな物語の主人公――新生の「山本伸一」は、ほかの誰かではない。「私」である。

第5章

励ましは力《ちから》

友の励ましで立ち上がった人は、悩める誰かをきっと励ますことができるだろう。そのつながりは、やがて大きな力になっていく。

〝アドバイスのし過《す》ぎ〟は落《お》とし穴《あな》

2018・1・21

企業・団体などでは、管理職《かんりしょく》が部下《ぶか》との面談を定期的に行うことが多い。その際、管理職が陥《おちい》りがちな落《お》とし穴《あな》として、臨床心理士《りんしょうしんりし》の宮城まり子さんは〝アドバイスのし過《す》ぎ〟を指摘する。

その理由は「会話は、話す方《ほう》が満足感が高い」から。部下を指導するうちに、自分だけ〝満足〟してしまう上司が少なくないという。宮城さんは、大事なのは相手の話を最後まで聞く「傾聴《けいちょう》」であり、「〝言葉のプレゼント〟をあげようとする必要はない」と本紙で語っていた。

確かに、悩《なや》みを打ち明けられた時、具体的な解決策など示さなくても、ただ聞いてあげるだけで「気持ちが楽《らく》になった」「すっきりした」と言われることがある。親身《しんみ》に、最後まで話を聞いてもらった時に、人は〝分かってくれる人がいる〟と前向きな一歩を踏《ふ》み出せる。

ただ〝話を聞く〟といっても、実《じつ》は容易《ようい》ではない。「傾聴」は受け身ではなく、能動的《のうどうてき》な行為だからだ。相手に向き合い、話に全神経《ぜんしんけい》を集中させる。途中《とちゅう》で話を遮《さえぎ》ったり、こちらの考えを押し付けたりしない。沈黙《ちんもく》が訪《おとず》れても待つなど、粘《ねば》り強さが欠《か》かせない。

話し上手《じょうず》は聞き上手。話を聞くとは、相手を一人の人間として受け入れ、尊《そん》重《ちょう》する心の表れ。ここに実《みの》り多き、励ましの第一歩がある。

どんな人にも必ず長所はある

2018・5・11

側溝《そっこう》のふたから一本の草が伸びているのを見つけた。こんな場所でも成長する植物の生命力に驚《おどろ》かされた。

雑草は〝たくましさ〟を象徴《しょうちょう》する一方、畑や庭の〝邪魔者《じゃまもの》〟という印象も強い。だが今、雑草の力《ちから》を役立てる研究が進む。乾燥《かんそう》に強い能力を「砂漠の緑地化《りょくちか》」に生《い》かしたり、畑の栄養を奪《うば》う高い吸収力を「水質浄化《じょうか》」に活用したりするなど可能性は大きい。

「雑草とは、いまだその価値を見出《みいだ》されていない植物である」と米国の思想家エマソンは言った。この言葉に触《ふ》れつつ、農学博士の稲垣栄洋氏は「雑草かどうかを決めるのは、私たちの心なのである」と(『雑草はなぜそこに生えているのか』ちくまプリマー新書)。〝雑草〟の烙印《らくいん》は人間の都合《つごう》に過ぎない。

法華経に「三草二木《さんそうにもく》の譬《たと》え」がある。天から降《ふ》り注《そそ》ぐ雨を等《ひと》しく受けながら、草木はそれぞれの特性を発揮《はっき》し、異《こと》なる花や実をつける。多様な草木は衆生《しゅじょう》を、雨は仏の平等な慈悲《じひ》を表す。池田先生は「個性を愛し、個性を喜び、個性を生かそうとする――それが、仏の慈悲であり智慧《ちえ》です」と。

どんな人にも必ず、短所も長所もある。短所が、見方《みかた》を変えれば長所である場合も多い。全《すべ》ての人を生かし、伸ばそうという「心」があるかどうか。広布とは万人《ばんにん》を輝かせる挑戦である。

一人への「励まし」は「万《まん》の力《ちから》」に

2018・5・29

インドの詩人タゴール、ドイツの文豪《ぶんごう》ヘルマン・ヘッセ、そして日本の劇作家の倉田百三《ひゃくぞう》――彼らには一つの共通点がある。フランスの文豪ロマン・ロランとの文通だ。ロランが生涯でつづった手紙の総数は1万通を超《こ》えるという。1日に1通書いたとしても30年近くを要《よう》する膨大《ぼうだい》な数だ。

ロランは21歳の時、人生に悩《なや》み、ロシアのトルストイに手紙を送った。それに対しトルストイは、長文の返事をしたためた。世界的な名声を博《はく》する文豪が、無名の一青年に寄《よ》せた誠実さにロランは感動し、自《みず》らも文豪の行動に倣《なら》ったのである（『ロマン・ロラン全集35』みすず書房）。

一つの種《たね》が育てば、それがまた、いくつもの種を生む。トルストイがロランに送った励ましがロランを育て、ロランがまた、多くの人に勇気を届《とど》けた。一人への「励まし」は、文字通り「万《まん》の力《ちから》」となる。

池田先生がこれまで、同志一人一人に贈った激励の和歌や揮毫《きごう》は数限りない。今も小説『新・人間革命』の連載《れんさい》を通して、私たちに希望を送り続けている。

この師の励ましの連続によって、今日《こんにち》の学会の世界的発展は築《きず》かれてきた。

法華経の寿量品《じゅりょうほん》に「未曽暫廢《みぞうざんぱい》（未《いま》だ曽《かつ》て暫《しばら》くも廢《はい》せず）」と。たゆみなく励ましの種、触発《しょくはつ》の種をまき続けよう。

「褒《ほ》める天才、目指したいです」

2018・7・23

先日、ラジオ番組「家族の時間」（本社提供）を聴《き》いた。その回のテーマは「人を励ます天才」。ある父と娘のエピソードが紹介された。

父は出張が多く家にいることが少なかったが、日常のささいなことを見逃《みのが》さなかった。幼《おさな》い娘が、玄関の靴《くつ》をきれいに並《なら》べれば「靴を並べる天才」、食卓に箸《はし》や茶わんをそろえれば「お手伝いの天才」と。娘が社会人になってからも、パソコンの使い方を教えれば「パソコンの天才」、病気で歩行が困難になった父の手を支えれば「歩行助手の天才」とたたえた。

母となった娘は、亡き父の「褒《ほ》める」という励ましに支えられて今の自分がある、今度はわが子の〝天才〟を見つけたい、と。パーソナリティーは「素晴らしいですね。でも、褒めるのは難《むずか》しい。褒める天才、目指したいですね」と結《むす》んだ。

子に限らず、人は欠点を指摘されるよりも、褒められることで〝自分がしたことに価値があったのか〟〝自分にそんな力《ちから》があったのか〟と気付くことができる。その〝発見〟こそが勇気と自信をもたらす。そして親から子、友から友へ、励ましの連鎖《れんさ》を生み出す。

御書には「褒めること」が持つ力について「金《こがね》はやけば弥色《いよいよ》まさり剣《つるぎ》はとげば弥利《と》くなる」（1241ジペー）と譬《たと》えている。「褒める力」こそ人材育成の鍵《かぎ》である。

〝あなたのための時間はいくらでもあります〟

2018・11・8

〝人を取材するのが仕事〟と語る、ノンフィクション作家の梯《かけはし》久美子さん。多くの出会いの中で最《もっと》も心に残る一人に、クイズ番組の司会者などでも活躍した、俳優の児玉清さんを挙《あ》げた。

梯さんの著作の刊行を記念する対談でのこと。児玉さんは付箋《ふせん》だらけのゲラ刷りを持って現れた。そして、どこに心を打たれ、何を考えたのかを一つ一つ語っていく。梯さんの話にも熱心に耳を傾《かたむ》けながら。

その姿《すがた》に「感謝を通り越して圧倒《あっとう》されてしまった」と梯さん。印象的だったのは、多忙《たぼう》なはずの児玉さんが醸《かも》し出す〝あなたのための時間はいくらでもありますよ〟という雰囲気《ふんいき》だ。その訳《わけ》を「目の前にいる相手に、そのときの自分のすべてを惜《お》しみなく差し出しているからだと思う」と振り返る（『好きになった人』ちくま文庫）。

人と会っていても、時間や他のことが気になってしまうことがある。そうした気持ちは相手に伝わるもの。時間に限りがあるからこそ〝目の前の一人〟に全精魂《せいこん》を注ぎたい。

インドのガンジーは言った。「何千という人々すべてを見まわすことは、必要じゃない。あるとき、一人の命に触《ふ》れ、その命を救うことができれば、それこそ私たちが作り出せる大きな変化なんだ」（塩田純『ガンディーを継いで』日本放送出版協会）

「一緒に『うーん』と考え込んでくれた」

2019・8・11

俳優の堺雅人さんが、高校の演劇部に所属していた時のこと。教員の一人に、演技について相談した。〝表現したい思いがあるが、今は演技力がない。30歳になればできるかもしれないが、それでは今の思いを失ってしまう。どうすればいいか？〟

じっと聞いていた教員は、〝そうか。そんなことを考えているのか〟と言って黙《だま》り込《こ》んだ。だが、しばらくすると堺さんは礼を言い、帰っていった。この時のことを堺さんは振り返る。「一緒に『うーん』と考え込んでくれることが感動的だった」。聞く人の姿勢《しせい》の大切さを教えてくれる（『ぼく、牧水！』角川ｏｎｅテーマ21）。

「聞く」の語源《ごげん》の一つには「気来《きく》」。すなわち相手の「気持ち」が自分に「来る」という意だ。言葉を理解するだけではなく、相手の心を受け止めるということだろう。

相談事には、助言ができる場合もあれば、〝答え〟を出せない場合もある。ただ、まず相手の話にじっと耳を傾《かたむ》けたい。そこに〝あなたは、かけがえのない存在《そんざい》〟という思いが表れる。それが相手に伝わっていく。

池田先生は、釈尊《しゃくそん》の逸話《いつわ》に触《ふ》れつつ、「『聞くこと』『ゆったりと対話すること』は仏教の本来の精神」と語った。旧交《きゅうこう》を温める機会が増える時季。大切な友と心ゆくまで語り合いたい。

「あんたたちを放《ほう》っておかんけんね」

2019・10・24

「花咲《はなさ》か夫婦《ふうふ》」と評判の笑顔はじける夫妻が福岡県・大刀洗町《たちあらいまち》にいる。一昨年の九州豪雨《ごうう》で家を失《うしな》い、故郷を離《はな》れて移住してきた。当初は悲嘆《ひたん》の涙《なみだ》に暮《く》れる日々。そんな二人を地域の同志が懸命《けんめい》に支《ささ》えた。

手料理を持って、「あんたたちのこと、一日も放《ほう》っておかんけんね」と通《かよ》い続けてくれた婦人。「うんめえぞー」と、泥《どろ》だらけの手で野菜を届けてくれた壮年。真心に包《つつ》まれ、夫妻は笑顔を取《と》り戻《もど》した。

「今度は自分たちが人を元気づけよう」。そう思い立って始めたのがハナショウブ園づくり。今夏、二人で育てた1200本のハナショウブが見事に開花。災害で散り散りになった、かつての〝ご近所さん〟ら100人近くを招待した。訪《おとず》れた一人は目を赤くし、「おかげで雨のち晴れの心になれたばい」と。夫妻は今、励《はげ》ます側《がわ》として語らいを広げている。

災害、不慮《ふりょ》の事故、大病《たいびょう》……。大きな試練《しれん》に直面した時は、心が静まるまで泣いてもかまわないと思う。だが、どんな苦難も「幸福の糧《かて》」にしゆく蘇生《そせい》の力《ちから》が誰の生命にも絶対にある。だからこそ祈り、見守り、励まし合う友の連帯が、どれほど大切か。

行動は迅速《じんそく》に。そして悩《なや》める友との対話はじっくり寄《よ》り添《そ》って。同苦と慈悲《じひ》の祈りを根本に、周囲に希望の種をまきたい。

お医者さんは病気を診《み》てくれた
看護師さんは僕を見てくれた

2020・9・16

病《やまい》を完治《かんち》させた少年部員が「看護師《かんごし》さんたちが優《やさ》しくてうれしかった」と入院生活を振《ふ》り返《かえ》った。母が「お医者さんだって優しかったでしょ？」と聞くと、少年は答えた。「うん。でも先生は病気を診《み》てくれたけど、看護師さんは僕《ぼく》を見てくれた」

もちろん、母子は適切《てきせつ》な治療《ちりょう》をした医師に感謝をしている。ただ少年は、寝《ね》汗《あせ》をかいた時、看護師が丁寧《ていねい》に体を拭《ふ》いてくれたり、「昨日より元気だね」など、いつも前向きな言葉で励《はげ》ましてくれたりしたことが何よりうれしかったという。

医療《いりょう》に詳《くわ》しくない人が病を患《わずら》うと、小さな心配が大きな不安になる場合がある。その時、患者《かんじゃ》の立場になって〝具体的な行動と言葉〟で励まされると心が安らぐものだ。

池田先生の指導は常《つね》に具体的である。抽象《ちゅうしょう》的、観念《かんねん》的なものはない。ある友がしみじみと言っていた。「先生の指導は〝天《てん》の声〟ではなく、悩《なや》む私のそばに立ち、『さあ一緒《いっしょ》にあの峰《みね》を登攀《とうはん》しよう!』と肩《かた》をたたかれているような慈愛《じあい》を感じます」と。

現代は課題解決に必要な知識は十分にあり、以前より容易《ようい》に手に入れることもできる。だが悩む人が本当に求めているのは、そうした知識だけではあるまい。心の声に耳を澄《す》まし、寄《よ》り添《そ》って同苦《どうく》する存在《そんざい》そのものではないだろうか。

「聞き上手《じょうず》」が「励ましの人」

2020・10・8

「氏は、よく人の意見を聞く人でした。たとえ相手が言うことに全面的に賛成できなくても、途中《とちゅう》で遮《さえぎ》ることなく、最後までじっくり話を聞くのです」

氏とは、ノーベル平和賞受賞者のネルソン・マンデラ氏。27年半、1万日に及《およ》んだ獄中《ごくちゅう》生活を耐《た》え抜《ぬ》いた「人権《じんけん》の闘士《とうし》」である。

氏と親交《しんこう》が深かった、ローマクラブ共同会長のマンペラ・ランペレ博士のインタビュー記事（本紙2020年9月17日付）を読み、マンデラ・スマイルと呼《よ》ばれた氏の笑顔がよみがえった。「よく人の意見を聞く人」だったからこそ、あらゆる人種や民族が共存《きょうそん》する「虹《にじ》の国」（南アフリカ）へ導《みちび》くリーダーシップを発揮《はっき》できたのだろう。

「相手の話を聞くためには、自分の位置を相手の立場まで移動させなければなりません」。童謡《どうよう》詩人の矢崎節夫《せつお》さんが教えてくれた。「だから『理解する』とは、英語で『understand』――『下（under)』に『立つ（stand)』と書くのです。自分中心ではなく、相手の立場に立つと、とても大切なことが見えてきます」

人間の口《くち》は一つだが、自分が話すことの2倍、相手の話を聞くために耳は二つあるといわれる。「耳」で聞いたことを「心」で受け止める「聞き上手《じょうず》」でありたい。これを実践《じっせん》する人が「励《はげ》ましの人」である。

何《なに》げない電話に支《ささ》えられた

2020・12・15

その声を聞くだけで励《はげ》まされ、心が癒《い》やされる――そんな友を持つ人は幸せだ。コロナ禍《か》の昨今《さっこん》、同志からの何《なに》げない電話に支《ささ》えられたという人も少なくない。

電話交換手《こうかんしゅ》を務《つと》める女子部員が、日頃《ひごろ》の対応で心掛《こころが》けている〝三つの項目《こうもく》〟を教えてくれた。それは①温かな、ほほ笑《え》みを含《ふく》んだ声で話す②相手の話に耳《みみ》を傾《かたむ》ける③もう一言《ひとこと》の真心こもる言葉を添《そ》える。相手の顔が見えないからこそ、声の響《ひび》きから人柄《ひとがら》や心の動きを感じ取り、共感することで、自分の発《はっ》する声も自然とぬくもりを帯《お》びるのだという。

仏典には、仏が法を説く声を百獣《ひゃくじゅう》の王の師子吼《ししく》になぞらえ、その力用《りきゆう》が述べられるくだりがある。人々を恐怖《きょうふ》から救《すく》い、安心をもたらす。柔《やわ》らかな響きに、無限の慈悲《じひ》が込《こ》められているので、皆《みな》が楽しい気持ちになる――と。

「師子吼」というと、諸々《もろもろ》の獣《けもの》を震《ふる》え上がらせる〝力強《ちからづよ》い咆哮《ほうこう》〟をイメージするが、仏法で意味するところはそれだけではない。一切衆生《いっさいしゅじょう》を不幸に陥《おとしい》れる魔《ま》の働きから守りに守り、成仏に導《みちび》かずにはおかないという仏の誓願《せいがん》が、その声に信頼《しんらい》と安心を与《あた》えるのであろう。

祈《いの》りに満《み》ちた音声《おんじょう》は、たとえ一言であっても聞く人の心の琴線《きんせん》に触《ふ》れることは間違《まちが》いない。「声仏事《ぶつじ》を為《な》す」（御書708ジ）である。

相手が話し始めるのをじっと待つ

2021・2・18

長年、報道番組でキャスターを務《つと》めた国谷裕子《くにやひろこ》さんは、これまでに多くのインタビューを行《おこな》ってきた。

国谷さんが、映画俳優《えいがはいゆう》の高倉健さんにインタビューした時のこと。事前に出演映画を見続け、資料も大量に読み込《こ》むなど万全《ばんぜん》の準備で臨《のぞ》んだ。しかし実際の場面では、いくら質問を重《かさ》ねても、短《みじか》い答えが返ってくるだけ。そこで彼女はある覚悟《かくご》を決めた。

それは、話が途切《とぎ》れても、相手が話し始めるのをじっと待つこと。すると17

秒の沈黙《ちんもく》の後、静かに高倉さんが話し始めた。沈黙は「高倉さんにとって自分の話すべき言葉を探《さが》している大事な時間だった」と国谷さん。「『待つこと』も『聞くこと』につながる」と(『キャスターという仕事』岩波新書)。

会話が途切れると、つい言葉を発《はっ》したくなる。だが相手は、伝える言葉を必死にまとめているのかもしれない。言うに言われぬ苦悩《くのう》を抱《かか》えている場合もあるだろう。表情の微妙《びみょう》な変化や声の調子に気を配《くば》り、相手を最大に尊重《そんちょう》する――「目」と「耳」と「心」で聞くことを大切にしたい。

池田先生は「聞いてあげること自体が、仏法で説く慈悲《じひ》の実践《じっせん》、『抜苦与楽《ばっくよらく》』の『抜苦』となるのだ」とつづる。友の幸福を真剣《しんけん》に祈りながら、どんな相手をも温かく包《つつ》み込む〝聞き上手〟でありたい。

「独話《どくわ》」「会話」そして「対話」

2021・2・23

「どのような言葉にふれるかは、私たちの人生と人格に大きな影響《えいきょう》を与《あた》える」とは、批評《ひひょうか》家・若松英輔《えいすけ》氏の言葉。氏は、話す行為《こうい》について次の三つを挙《あ》げる。一人で行う「独話《どくわ》」。誰《だれ》かと言葉を交《か》わす「会話」。そして、深いところでつながりながら、言葉や経験の深みを探《さぐ》る「対話」である。

多くの言葉を交わしても、互《たが》いの呼吸《こきゅう》が合わなければ「会話」にとどまる。一方、「対話」は、自分の言いたいことを話すのではなく「相手の『おもい』を受け止めたところに始まる」と氏は言う。

さらに対話で人が伝えたい「おもい」とは、言葉にできる「思い」や「想《おも》い」だけではなく「言葉にならない『念《おも》い』なのではあるまいか」とも（『読書のちから』亜紀書房）。

対話の中で、相手が話してくれる「心情《しんじょう》」が、常に偽《いつわ》りなき「真情」とは限らない。遠慮《えんりょ》したり、相手に合わせたりして話しているかもしれない。心を開《ひら》いてもらうには、まず自分がありのままを心掛《が》け、繕《つくろ》わないこと。言葉の巧拙《こうせつ》よりも、相手の幸福と成長を「念う」ことだろう。

日蓮大聖人は「意《こころ》は心法《しんぽう》・声《こえ》は色法《しきほう》・心より色をあらはす」（御書469ページ）と仰《おお》せである。友を「念う」祈りは声となって必ず相手に通《つう》じる。自他共《じたとも》の人生を豊かに彩《いろど》る語らいを、きょうも朗《ほが》らかに。

信心根本《こんぽん》に社会で勝て！　人生に勝て！　２０２１・３・５

ある壮年部員から聞いた青春時代の話。高校卒業後、故郷《こきょう》を離《はな》れて東京で就《しゅう》職《しょく》。そこで仏法にも出あった。仕事は順調、学会活動も充実《じゅうじつ》の毎日だった。だが会社が倒産《とうさん》し、事態《じたい》は一変。残務整理《ざんむせいり》に追われる不遇《ふぐう》の中で心身は疲弊《ひへい》した。そんな彼を地元の地区部長が支《ささ》えた。毎晩《まいばん》決まって、アパートの前で帰《き》宅《たく》する彼を待っては、「ご苦労さま。体に気を付けて」と一言励《ひとことはげ》まし、地区部長は家路《いえじ》に就《つ》く。

その真心に再起を誓《ちか》った。ある冬、池田先生との記念撮影会《さつえいかい》に臨《のぞ》んだ。いまだ苦闘《くとう》の渦中《かちゅう》の彼は貧《まず》しかった。スーツの下は半袖《はんそで》のワイシャツ。熱気《ねっき》の場内で万歳《ばんざい》をすることに。「上着《うわぎ》をお取りください」と司会。一人、半袖姿《すがた》の彼を見つけた先生はそばに招《まね》き、「信心根本《こんぽん》に社会で勝て！　人生に勝て！」と激励《げきれい》した。

その後、彼は再就職先で奮闘《ふんとう》。壮年部に進出後も師弟の誓いに生き抜《ぬ》き、後年は代表取締役《とりしまりやく》として活躍《かつやく》する。数々の地域役職も歴任した。社会と人生に勝利の証《あか》しを打ち立てて師に応《こた》え、かつての地区部長のように青年を励ます日々を送る。

御書に「金《こがね》は・やけば真金《しんきん》となる」（1083ジペー）と。〝広布の黄金柱《おうごんばしら》〟である壮年部の「壮」は「さかん」とも読む。情熱を盛《さか》んにして、人生を真金と輝《かがや》かせる偉大《いだい》な使命と責任と誇《ほこ》りがある。

第6章

人生を勝ち開く知恵

試練や苦難に負けない人。戦い続ける勇気を持つ人。
その生き方には、人生を勝ち開く知恵が詰まっている。

〝気付きのアンテナ〟を立てる

2018・1・13

その日にあった感謝すべきことを記《しる》す「感謝ノート」が5冊目になりましたと、青森の婦人から投稿《とうこう》をいただいた。

きっかけは自営業を営《いとな》む夫の病《やまい》だった。後遺症《こういしょう》も残る。夫も家計《かけい》も支《ささ》えねばならず、妻として困《こま》り果《は》てていた時だ。夫を亡《な》くした体験を持つ同志から〝そんな時こそ感謝できることを見つけてごらん〟とアドバイスが。ノートに書き出すうち、どれほど多くを周囲に支えてもらっているかに気付いた。

八王子の婦人からの投稿には、以前に聖教で紹介された「一日3つの幸せ」

を探す努力を、発達障がいのある長男と一緒に続けていますと。「給食がおいしかった」「風が気持ちよかった」。どんなことでもいい。五感《ごかん》を研《と》ぎ澄《す》ませてみる。小さな幸せに気付く力《ちから》を鍛《きた》えることで、長男は和やかで明るい生き方に変わった。

ある年の正月、日蓮大聖人は「さくら（桜）はをもしろき物・木の中よりさきいづ」（御書1492ページ）と手紙につづられた。ごつごつとした木の中からも、やがて美しい花が芽吹《めぶ》くではないかと。迫害の連続の人生にあって、森羅万象《しんらばんしょう》から希望を見いだされた。

「祈る」という行為は〝気付きのアンテナ〟を立てることでもあろう。わが心の大地を耕《たがや》し、日々、感謝の種をまき、幸せの芽《め》を伸ばしていきたい。

手袋《てぶくろ》は左と右がそろってこそ役に立つ

2018・1・25

作家の向田邦子《むこうだ》さんが、片方《かたほう》の手袋《てぶくろ》をなくした時のことをエッセーにつづっている（『父の詫《わ》び状《じょう》』文春文庫）。気に入っているため、もう片方を捨《す》てるに忍《しの》びない。そんなある日、偶然《ぐうぜん》、同じ手袋の片方だけを拾《ひろ》った。届《とど》け出るが、持《も》ち主《ぬし》は現れず、結局、向田さんが譲《ゆず》り受けた。ただ喜びもつかの間《ま》。その手袋は残しておいたのと同じ左手用だった。

手袋は左と右がそろってこそ役に立つ。相対《あいたい》する存在が互《たが》いを意味あるものにする――それは人生においても一つの真理であろう。

哲学者のM・ブーバーは言う。「人間の決定的な宗教経験」は「禍と福、絶《ぜつ》望《ぼう》と期待、破《は》壊《かい》と新生《しんせい》の力《ちから》が共存《きょうそん》するところにこそ生《しょう》じる」と（斉藤啓一『ブーバーに学ぶ』日本教文社）。

成功ばかりで失敗がない、安楽《あんらく》だけで悩《なや》みがない——そんな人生はない。同じように、苦悩《くのう》ばかり、災《わざわ》いばかりという人もいない。同志の信仰体験に共通するのは、〝この試練《しれん》があったからこそ信心の醍醐味《だいごみ》を実感し、幸福境涯《きょうがい》を開《ひら》けた〟という確信である。

「冬は必ず春となる」（御書1253ジペー）と一念を定《さだ》め、困難に挑《いど》む。「苦楽《くらく》ともに思い合せて」（同1143ジペー）、唱題に励《はげ》む。乗り越えた時、苦難も金色《こんじき》の思い出に変わる。「煩悩即菩提《ぼんのうそくぼだい》」の味わい深い人生が築かれる。

変わろう　変えよう　変えられる！

２０１８・２・６

配管工《はいかんこう》の仕事に「きつい」「汚《きたな》い」「危険」の〝３Ｋ〟のイメージを抱《いだ》く人は少なくない。

都内で上下水道工事店を営《いとな》む男子部員が、昨年から掲《かか》げた〝３Ｋ〟は「感謝」「稼《かせ》げる」「感動する」。まず自《みずか》ら職人たちへの感謝を形にした。言葉で、笑顔で、職場環境の改善《かいぜん》で。すると皆がやる気に満《み》ちてきた。個々の長所も見えるようになり、適材適所で現場を任《まか》せ、業績《ぎょうせき》は向上。今春の給与《きゅうよ》引き上げも約束した。

彼は訴《うった》える。「『水』をつなぐ仕事は『命』をつなぐ仕事だ」。先日の大寒波《かんぱ》で水道管の破裂《はれつ》が相次《あいつ》ぐと、休日にもかかわらず修繕《しゅうぜん》に当たる職人の激励へ。心からねぎらうと、土にまみれた顔から笑《え》みがこぼれた。「こんなにやりがいのある仕事はないですよ」

日蓮大聖人は、主君《しゅくん》から賜《たまわ》った土地に不満を持つ四条金吾に仰《おお》せである。「よきところ、よきところ」と感謝していけば、さらに所領《しょりょう》を賜ることもある、と（御書1183ジペー、趣意）。我慢《がまん》せよ、という意味ではない。逆境《ぎゃっきょう》をもプラスに転《てん》じる、たくましい生き方を説《と》かれたのである。

まず「自分」が変わる。すると人も環境も変わる。この心の不思議な働《はたら》きを仏法では「一心《いっしん》の妙用《みょうゆう》」と説く。「変わろう、変えよう、変えられる！」――この〝3K〟を心に誓い、友に伝えたい。

病気になることが不幸なのではない

2018・3・25

作家の遠藤周作氏は、かつて結核《けっかく》にかかり、約2年半の入院生活を余儀《よぎ》なくされた。だが、この長期入院こそ、代表作『沈黙《ちんもく》』が誕生するきっかけとなる。後年、氏は述べた。『沈黙』は「あの生活上の挫折《ざせつ》がなければ、心のなかで熟《じゅく》さなかった」「生活上のマイナスは人生上のプラスと置き変えられた」と(『老いてこそ遊べ』河出書房新社)。

多くの人は〝病気になることは不幸〟と思うもの。だが、病気にならない人などいないのだから、病気自体《じたい》が不幸なのではない。希望を捨てたり、自暴自《じぼうじ》棄《き》になったりすれば、それこそ人生にとっての不幸である。

宮崎のある婦人は、入院先で数十年ぶりに友人と再会。以前、仏法の話をした相手は宿命の嵐《あらし》に翻弄《ほんろう》されていた。婦人は友人に寄《よ》り添《そ》いつつ、苦境《くきょう》を乗り越えた自《みずか》らの体験を通し、人生の本当の幸福について思《おも》いの丈《たけ》を語った。先日、相手は入会を決意した。「友人に再会させてくれた病気に感謝です」と明るく語る婦人の姿《すがた》に、大切なのは〝心が負けないこと〟だと教えられた。

どんな苦難に襲《おそ》われようとも、全《すべ》てを〝未来を開く因《いん》〟と捉《とら》えていく。それが本因妙《ほんいんみょう》の生き方。苦難があったことで、かえって人生は豊かになった――そう言える強さを持つ人が幸福である。

「不動の指標《しひょう》」を持てば道に迷《まよ》わない

2018・3・29

江戸に遊びに来ていた商人が、お供《とも》に言った。「これから、あちこち見物《けんぶつ》に行く。この辺りは同じような建物が多い。宿屋《やどや》の目印《めじるし》を覚えておくように」「へえ、分かりました」

一日中、江戸の町を歩き回った後、帰ろうとしたが、はて、宿屋がなかなか見つからない。心配になった商人が、お供に聞いた。「いったい何を目印にしてたんだい？」「へえ、屋根にカラスが2羽、止まってたはずなんですが」

落語の小ばなしの一つである。状況が変化してしまう、頼《たよ》りにならないものを目印にすれば、目的地にたどり着くことはできない——笑いの中にも、実に味わい深い示唆《しさ》がある。

人は環境や周囲の意見、また自分の感情に振り回されがちなもの。ただ、世間の評判は目まぐるしく変化するものであり、人の心ほど移ろいやすいものもない。自《みずか》ら決めた道を迷《まよ》わず歩み通すには、何ものにも揺《ゆ》るがない「不動《ふどう》の指《し》標《ひょう》」を持つことが不可欠《ふかけつ》である。

間もなく新年度。進学や就職などで新しい舞台に立つ人も多い。希望と不安が交錯《こうさく》する友に、「心の師とは・なるとも心を師とせざれ」（御書1088ジペー）との御聖訓《ごせいくん》を贈りたい。どんな困難があろうと、不変《ふへん》の「妙法《みょうほう》」を根本に、わが胸に揺るがぬ「誓い」を打ち立てれば、道は必ず開けていく。

希望があるから耐《た》え抜くことができる

２０１８・４・27

南アフリカではきょう4月27日は「自由の日」。アパルトヘイト（人種隔離《かくり》）が撤廃《てっぱい》された同国で24年前のこの日、初の全人種選挙が実施《じっし》された。翌月、大統領に選出《せんしゅつ》されたのがネルソン・マンデラ氏である。

氏がロベン島に投獄《とうごく》されていた時、人種差別《さべつ》撤廃への動きが遅々《ちち》として進まないことに、仲間からいらだちの声が上がった。だが氏は諭《さと》した。「我々《われわれ》の戦いは長期戦だ。長期的で幅広い視野《しや》を持って行動すべきなのだ」

長期的視点――氏はよく、この言葉を使った。それは「忍耐《にんたい》」を意味していた。氏の獄中《ごくちゅう》闘争は27年半に及《およ》んだ。なぜ耐《た》え抜くことができたのか。氏は語っている。「いつかふたたび土を踏《ふ》み締《し》め、太陽の下を自由民として歩ける日が来ると、わたしはいつも信じていた」（『自由への長い道（下）』東江一紀訳、ＮＨＫ出版）

忍耐とは、未来は必ず開けるとの希望を手放《てばな》さず、力強《ちからづよ》く生き抜くことである。その希望とは、与《あた》えられるものではなく、自《みずか》ら生み出すもの――氏の生き方は、そう教えてくれる。

初代会長の牧口先生は、法難《ほうなん》の獄中にあっても、「心一つで地獄《じごく》にも楽しみがあります」と家族に、はがきを書き送った。身体の自由は奪《うば》えても、心の自由を奪うことはできない。そして、希望ある限り、自由はある。

人は人との触《ふ》れ合いの中で磨《みが》かれる

２０１８・６・17

かつて利《き》き腕《うで》を骨折《こっせつ》した友。「あれは難儀《なんぎ》だった」と苦笑《にがわら》いしながら、当時の生活の苦労を語ってくれた。

最《もっと》も困《こま》ったことの一つが「手洗《てあら》い」。指先《ゆびさき》から脇《わき》の下までギプスと包帯《ほうたい》で固定され、両手でゴシゴシと水洗いができない。「当たり前が当たり前でなくなって、初めて気付くことがあった」。そう言いつつ、自分の手のひらを、いとおしむようにさすった。

南アフリカに古くから伝わる言葉に「片方の手が、もう片方の手を洗ってくれる」とある。汚《よご》れた右手、左手も、重ねてこすれば、互《たが》いが互いを洗って、両手が一緒にきれいになる。同時に、そうした身近な存在だからといって感謝を忘れてはならない、という戒《いまし》めにも思える。

あらためて、身近な人々を思い浮《う》かべてみる。家族、友人、近隣《きんりん》、職場の人々……私たちは、人との触《ふ》れ合《あ》いを通して自身を磨《みが》いている。〝長所しかない〟という、完全無欠《かんぜんむけつ》な人など一人もいない。互いに欠点《けってん》を抱《かか》えながら、励まし合い、時にぶつかり合い、切磋琢磨《せっさたくま》する中で、人は成長していく。

池田先生は「人間は、人間を離《はな》れて人間になれない。人間の中でこそ、より大きな自分となり、より大きな喜びを得るのだ」と。あらためて感謝したい。あの人、この人に。共に歩む全《すべ》ての同志に。

人も社会も　一面だけ見て決め付けない　２０１８・６・24

アルピニストの野口健さんは、富士山やエベレストの清掃《せいそう》など、登山を通じた社会貢献に精力的《せいりょくてき》に取り組んでいる。

子どもの頃、外交官の父は、野口さんをよく旅に連れていった。行き先は、ベルリンの壁崩壊《かべほうかい》前の東西ドイツや、イスラエルとシリアの国境地域など。時にはスラム街に同行させたこともあった。

イエメンの救急病院を訪《おとず》れた時のこと。廊下《ろうか》には大けがを負《お》い、瀕死《ひんし》の状態の人があふれていた。怖《こわ》がる野口さんが〝こんなところに子どもを連れてくるなんて、おかしい〟と訴えると、父は厳《げん》として言った。「これが現実だ。世の中には（レコードのように）A面とB面がある。華《はな》やかな観光地がA面だとしたら、そばにあるスラム街はB面だ。B面は自分から行かないと見えてこない」「世界中のB面を見ていきなさい」と（「パンプキン」2018年6月号）。この言葉と体験が、現在の活動の原点になっているという。

人も、社会も、一面から見て決め付けては、その実像《じつぞう》はつかめないだろう。じっくりと腰《こし》を据《す》え、さまざまな視点から迫《せま》ることで、真実が浮かび上がり、正しい認識を持つこともできる。

知恵は現場にあり。自《みず》ら足を運び、人に会う。自分の目で見て、肌《はだ》で感じ、心を働かせる——変革を起こす鍵《かぎ》は、そこにある。

自分と向き合う そこに学びと成長がある　2018・10・29

先日、一人の青年から相談を受けた。「自分に向いている仕事が見つからなくて……」。働き口《ぐち》がないわけではないが、長くて数カ月、短いときは1日で辞《や》めてしまうという。深刻《しんこく》な様子だが、話を聞いていて気付いた。彼は仕事は変えても、自分を変えようとは思っていない、と。

〝自分に合った仕事などない〟と言うのは、解剖《かいぼう》学者の養老孟司《たけし》氏。極論《きょくろん》に聞こえるが、要《よう》は〝仕事を自分に合わせる〟のではなく〝自分を仕事に合わせていく〟という奮闘《ふんとう》の中に成長がある、と。「目の前のことを必死にやっている

限りは、自分が育ち続けるし、変わり続けます」（共著『歳を取るのも悪くない』中公新書ラクレ）

困難にぶつかったら勇気をもって乗り越える——頭では分かっていても実行できるとは限らない。いざ厳《きび》しい現実に直面すると〝状況が良くない〟〝周囲の人が悪い〟などと誰かのせいにしたくなるのが人の常《つね》ともいえる。

だが自分と向き合わなければ、本当の解決にはならない。御書に「若《も》し己心《こしん》の外《ほか》に法ありと思はば全《まった》く妙法にあらず」（383ジペー）と。幸不幸の原因は、全《すべ》て自分の中にあるとの御断言である。

学び続け、成長し続ける人に恐《おそ》れるものはない。「さあ何でも来い！」と現実に挑《いど》み、飛躍《ひやく》を遂《と》げゆく日々でありたい。

悪条件を逆手《さかて》に取った発想の転換《てんかん》

2018・12・11

山形県の豪雪地《ごうせつち》にある肘折《ひじおり》温泉郷が今年2月、ちょっとした話題になった。〝当地の積雪《せきせつ》量で新記録が出たら、翌日《よくじつ》の旅館の宿泊《しゅくはく》代を無料にする〟というキャンペーンが現実のものになったからだ。

その新記録は445㌢《センチ》。テレビでニュースとなるや、問い合わせや予約が殺到《さっとう》した。ある旅館のおかみは「まさかの記録更新《こうしん》。あの時は本当にあたふたしました」と笑顔で振り返る。悪条件を逆手《さかて》に取って成功した企画は内容を充実《じゅうじつ》させ、今冬も実施《じっし》されるという。

ある年、真冬の東北で、池田先生が同志と懇談《こんだん》した。その際、雪の多さに苦労している話を聞き、先生は皆と雪の活用方法を語り合った。そこには「克雪《こくせつ》（雪は克服すべき厄介《やっかい》なもの）」から「利雪《りせつ》（利用し、生かせるもの）」への価値観の転換《てんかん》があった。

後年、山形の壮年部員が、国連も注目する雪冷房《れいぼう》システムを考案した。冬に降《ふ》った雪を貯蔵《ちょぞう》し、夏の冷房に利用するものだ。壮年いわく、「雪も必要な役目があるから降るのではないかと思いまして」。この世界初のシステムも発想の転換から始まった。

厳《きび》しい条件や制限のある環境の方《ほう》が、かえって知恵は湧《わ》き、やりがいも生まれよう。〝逆境や試練《しれん》は、成長のためにある〟と決めれば、価値ある人生を大きく開いていける。

朗《ほが》らかに　何があっても朗らかに

２０１９・２・11

「動物の中で笑うものは人だけである」とは、哲人《てつじん》アリストテレスの言葉。実際はチンパンジーなどの類人猿《るいじんえん》も笑うとされるが、「ほほ笑《え》み」から「苦笑《にがわら》い」そして「大笑い」まで表現の幅《はば》を広く持つのは、やはり人間ならではと言っていい。

人はまた、自《みずか》らが「笑う」だけでなく、「笑わせようとする」生き物でもあろう。ドイツの哲学者アルフォンス・デーケン氏はこの点について、「ジョーク」と「ユーモア」は区別して使うべきだと訴《うった》える。ジョークは「頭」を使った技術であり、ユーモアは「心」から発する思いやりであると。ドイツにおけるユーモアの定義とは「『にもかかわらず』笑うこと」だという。

楽しい時に笑うのは当然だ。しかし大変な時、苦しい時にもかかわらず、周囲の誰《だれ》かを励まし、勇気づけようとして笑う——それはやせ我慢《がまん》や作り笑いなどを超《こ》えた、共に生き抜いていこうとする「心の強さ」の表れにほかならない。

日蓮大聖人は命に及《およ》ぶ大難《だいなん》の中にあって、落涙《らくるい》する四条金吾《しじょうきんご》を「これほどの悦《よろこ》びをば・わらへかし」（御書914ジペー）と励《はげ》まされた。師の悠々《ゆうゆう》たる境涯《きょうがい》を仰《あお》ぎ見て、弟子の生命にも太陽が昇《のぼ》ったのである。

朗《ほが》らかに。何があっても朗らかに。その人こそ絶望《ぜつぼう》を希望に転換《てんかん》する智慧《ちえ》の人であり、勇気の人である。

風雪に揺《ゆ》るがぬ富士のごとく

2019・2・22

富士山に一瞬《いっしゅん》たりとも同じ姿《すがた》はない。四季折々、静岡・富士市の友が撮影《さつえい》した写真を拝見《はいけん》するたび、その感を強くする。

天候や時間帯によって富士は千変万化《せんぺんばんか》の表情を見せる。同じ条件下でも皆が同じ写真を撮《と》れるわけではない。人によって富士の〝切り取り方〟も千差万別《せんさばんべつ》。そこに、カメラを通して富士と向き合う面白《おもしろ》さがある。

日本画の巨匠《きょしょう》・横山大観《たいかん》は2000点に及《およ》ぶ富士画を描《えが》いたが、どれ一つ同じ作品はない。「富士は理想を以《もっ》て描かなければならない」と語ったという。己《おのれ》の心が貧《まず》しければ富士の絵も貧しくなる。大観は富士に〝永遠の美〟を見いだした。「私はその無窮《むきゅう》を追う」との信念で心と腕《うで》を磨《みが》き、人生の高みを目指し続けた（『大観の富士』）。

人の心は縁《えん》に紛動《ふんどう》されやすく、困難《こんなん》や障害《しょうがい》に遭《あ》う中で志を貫《つらぬ》くことは難《むずか》しい。日蓮大聖人は静岡の地で大難《だいなん》と戦う弟子・南条時光に「大願《だいがん》をおこせ」（御書1561ページ）と仰《おお》せになられた。師弟不二の誓願《せいがん》こそ、何ものにも揺《ゆ》るがぬ境涯《きょうがい》を開く力《ちから》である。

「晴れてよし　曇《くも》りてもよし　富士の山　もとの姿は　かわらざりけり」（山岡鉄舟《てっしゅう》）。富士は厳然《げんぜん》としてそこにある。ただ、時により人によって表れ方が違《ちが》うだけなのだ。富士のごとく堂々と、人生の風雪《ふうせつ》に揺《ゆ》るがぬ自己を築きたい。

〝苦《にが》い〟経験は人生を目覚《めざ》めさせる

2019・2・25

春の野菜には苦《にが》みがある。菜の花、タラの芽《め》、フキノトウ……。子どもの頃《ころ》、食卓に並んだそれらを、ろくにかまないままのみ込んだものだ。

この「苦み」の正体はポリフェノールやアルカロイドと呼ばれる成分。冬の間、動物の体内にたまりがちな老廃物《ろうはいぶつ》を排出《はいしゅつ》する効果があるとされる。冬眠明《とうみんあ》けの熊《くま》が最初に口《くち》にするのもフキノトウだという。「春の皿には苦味を盛《も》れ」とのことわざも。冬から春へ体を目覚《めざ》めさせるには「苦み」という刺激《しげき》が必要なのかもしれない。

「信心に目覚めたきっかけは何ですか」。そう尋《たず》ねた時、失敗や挫折《ざせつ》といった〝苦い〟経験を挙《あ》げる同志は少なくない。先日の座談会で壮年が語っていた。

「何不自由ない生活を送っている間、自分の信心は〝冬眠状態〟でした」

ある時、多額の負債《ふさい》を抱《かか》え、苦汁《くじゅう》をなめる日々に陥《おちい》ってしまう。だが同志の励《はげ》ましによって奮起《ふんき》。信心で苦境《くきょう》を乗《の》り越《こ》えた。「『冬は必ず春となる』(御書1253ジペー)との一節を今、かみ締《し》めています」と。

体も心も〝甘《あま》いもの〟ばかり求めていては強くなれない。「苦をば苦とさとり楽をば楽とひらき苦楽ともに思い合せて」(同1143ジペー)題目を唱《とな》え、課題に挑戦していく。その中で、苦難を歓喜《かんき》に転じるという、人生の〝醍醐味《だいごみ》〟も味わえる。

信心に〝定年〟なし　挑戦に〝手遅《ておく》れ〟なし

2019・3・5

スポーツ庁の調査によると、70代の体力が、男女共に過去最高を更新《こうしん》したという。もちろん、さらに先輩の皆さまも、ますます意気軒高《いきけんこう》。周囲を見渡《みわた》しても、年齢だけで〝高齢者〟などと、ひとくくりにはできない。

埼玉に住む82歳の壮年部員がパソコンを覚え始めたのは、会社を定年退職する直前だった。以来、精力的に取り組み、ボランティアで〝パソコン教室〟を開くまでに。現在も近隣《きんりん》の人々と、にぎやかに続けている。

以前、本紙で「信心に〝定年〟なし。挑戦に〝手遅《ておく》れ〟なし」と紹介された茨城の壮年部員は、71歳でサックスを購入《こうにゅう》し、音楽教室に通《かよ》い始めた。その後、介護施設《しせつ》などで演奏を披露《ひろう》するほど上達し、80代の今も生き生きと取り組む。

先輩方の、こうした活躍は枚挙《まいきょ》にいとまがない。何かを始めるのに遅《おそ》すぎることはないと改めて思う。万事、「いまさら」と尻込《しりご》みしてしまえば成長は望めない。仮に経験がなくても、「よし、やってみよう」と思い切って行動を起こせば、必ず新しい世界が開けてくる。

池田先生は「戦い続ける人が、一番偉《えら》い。一番若《わか》い不老《ふろう》の生命である」「戦う心を失えば、50歳でも老人だ。炎《ほのお》の心で前進すれば、80歳でも青年だ」と。みずみずしい青年の心で〝新しい挑戦〟を開始しよう。

〝自己と戦い続けた〟イチロー選手

２０１９・３・23

日本プロ野球と米大リーグで通算28年間、プレーしたマリナーズのイチロー選手が現役引退を表明。１時間20分以上に及《およ》んだ引退会見では〝超一流〟の言葉が光った。

大リーグ最多記録のシーズン２６２安打、10年連続の２００安打……数々の記録を打ち立てたが、それらを「小さなことに過ぎない」と言い切ったイチロー選手。その言葉通り、どんな栄冠《えいかん》を得ようとも、現状に決して満足することはなかった。

一方で、試合に出られなくなった昨年5月以降から〝引退試合〟までの地道な鍛錬《たんれん》について、「ささやかな誇《ほこ》りを生んだ日々」であり、引退の舞台に立てた〝瞬間〟が、28年間で最《もっと》も印象深いと語った。一日一日、一試合一試合に、執念《しゅうねん》を燃やした野球人の信念がにじみ出ていた。

何事も〝あの時は良かった〟と過去の栄光や成功パターンを振り返ってばかりでは、成長はないだろう。常に〝今の自分はどうか〟〝どうあるべきか〟を問い続け、地道な挑戦を重ねる中で、新たな勝利の道が開かれる。

池田先生は「最も手強《てごわ》い壁《かべ》は、実は心の中にある。ゆえに、勇気をもって自分と向き合い、『自己《じこ》拡大の戦い』『人間革命の戦い』を起こすことだ!」と。新年度は目前。日々、新たな決意で、新しい自分へと成長していきたい。

〝東洋の魔女《まじょ》〟は「団結の力《ちから》」で勝った

２０１９・４・14

「66・8％」――55年間、今なお破《やぶ》られていないスポーツ中継のテレビ視聴率《しちょうりつ》の記録である。野球やサッカー、相撲《すもう》ではない。１９６４年に行われた東京五輪・女子バレーの決勝戦である。

池田先生も、この決勝戦を、女子部のリーダーたちと共に学会本部でテレビ観戦していた。日本は強豪《きょうごう》・ソ連を接戦の末、ストレートで下《くだ》し、金メダルを獲得《かくとく》。〝東洋の魔女《まじょ》〟として世界に名をはせた。

身体能力も、技術も、相手チームの方がはるかに上。では、なぜ勝利できたのか。池田先生は小説『新・人間革命』「衆望《しゅうぼう》」の章で、その要因を考察《こうさつ》している。まず「〝絶対勝つ〟という確信」。〝どんな球でも必ず拾《ひろ》うぞ〟〝決してあきらめないぞ〟という執念《しゅうねん》と攻撃《こうげき》精神が光っていた。そして「勝利への団結」。調子が落ちると、すかさず「頑張《がんば》ろう！」と声が掛かり、「はい！」という、打てば響《ひび》くような声が返ってきた、と。

団結は一人一人の力《ちから》を引き出し、生かすためにある。その力は単なる〝足し算〟ではなく何倍、何十倍の〝かけ算〟となる。学会も、この「団結の力」で勝利の金字塔《きんじとう》を打ち立ててきた。

栄光の「5・3」へ、今一度、祈りを合わせ、新たな決意で出発しよう。異体《いたい》同心《どうしん》の信心の団結こそ、無敵の勝利の要《かなめ》である。

健康長寿《ちょうじゅ》は生きがいをもって、よく歩く

２０１９・４・29

　１０１歳の医師が、１１０歳を診察《しんさつ》――先日、沖縄で話題を呼んだニュースである。大正生まれの現役医師が、明治生まれの県内最高齢《さいこうれい》男性のもとを訪《たず》ね、健康状態をチェック。肺や心臓の機能に異常はなく、好物のお菓子を頬張《ほおば》る姿《すがた》に「健康そのもの」と太鼓判《たいこばん》を押した。

　その医師は、健康長寿《ちょうじゅ》の人の共通点に「生きがい」「食事」「よく歩く」を挙《あ》げている。先の１１０歳は、若い時から長距離を徒歩で通勤し、１００歳を超えても趣味の農作業を続けた。今は、家族とのおしゃべりが楽しみという。

当の医師は、著書の中で「人のために生きたい」との思いこそ、高齢でも医師を続ける原動力と語り、健康長寿には〝気の持ち方〟も大きく影響《えいきょう》していると分析《ぶんせき》する（田中旨夫『97歳現役医師が悟った体の整え方』幻冬舎）。

生きがいをもって、よく歩く――学会員の生き方そのものである。立正安国《りっしょうあんこく》と自他共《じたとも》の幸福を祈り、友のもとへ向かう。目立たず、苦労も多いかもしれないが、献身《けんしん》の人は、身も心も健康になっていく。学会活動に無駄《むだ》はない。

池田先生は「年とともに、いよいよ若々《わかわか》しく、大いなる生命力で生き抜いていけるのが、仏法です」と語っている。この確信を胸に、きょうもわが使命の地域を幸福の拡大に歩こう。

「令和《れいわ》」――新しい時代が始まった

2019・5・1

「令和《れいわ》」の時代が始まった。最初の元号《げんごう》「大化《たいか》」（645年）から248番目。その数だけ、新しい時代への人々の期待があったろう。

鎌倉時代は改元が多かった。日蓮大聖人が聖誕《せいたん》された1222年、後堀河《ごほりかわ》天皇の即位《そくい》によって「承久《じょうきゅう》」から「貞応《じょうおう》」に改元。以来、御入滅《ごにゅうめつ》（1282年）までの60年間で、元号は実に24を数える。

改元の理由は、天皇の即位などによるものが8回。それ以外は、天変地異《てんぺんちい》や疫病《えきびょう》、飢饉《ききん》など、自然災害や社会的な異変《いへん》を理由としたものだった。当時は

〝元号を変えることで穢《けが》れが払《はら》われ、災難《さいなん》がやむ〟と考えられていたという。だが願いは空《むな》しく、平均して約2年半に1回のペースで改元が行われた。

大聖人は、うち続く災害・異変で苦しみにあえぐ民衆を救うため、あらゆる経典を探究された。その結果、災難の原因は、誤《あやま》った思想・宗教にあると喝破《かっぱ》し、「立正安国論《りっしょうあんこくろん》」を北条時頼に提出。「一身《いっしん》の安泰《あんたい》を願うなら、まず世の静穏《せいおん》、平和を祈るべきである」（御書31ジペー、通解）と仰《おお》せになられた。

「令和」に込められた思いに〝人々が美しく心を寄せ合う中で、文化は生まれ育つ〟と。立正安国の大理想へ、全世界の同志と心を合わせ、希望の地域、幸福の地球を創《つく》りゆく出発の日としたい。

もしもの時　未経験のことはできない

２０１９・５・18

地域で行われた消防訓練。消火器を使った訓練が始まった。「火事だ！」と叫《さけ》びながら消火器を持って火元へ。安全ピンを抜《ぬ》き、ホースを火元に向けて、レバーを握《にぎ》る。

と、これだけなのだが、実際にやってみると、皆あたふた。その様子を見て、訓練を尻込《しりご》みする人も。すると消防士の方《かた》が言った。「うまくできなくて当然。だからこそ、やっておいてほしい。もしもの時、やったことのある人とない人では、天地雲泥《うんでい》の差が出ます」

いざ火災に遭遇《そうぐう》すると、誰もが平常心《へいじょうしん》ではいられない。その時、とっさに消火器を手に取れるかどうか。「実《じつ》は、自分で使ったことがないと、すぐ目の前にあっても気付かないことすらあるのです」。事実、初期消火における消火器の使用率は2割にとどまるという。

普段《ふだん》できないことが、非常時にできる可能性は低い。災害に対する備《そな》えの重要性は、強調しすぎることはない。根本的には、〝自分は大丈夫〟という思い込みを破り、〝いつ災害に遭《あ》うか分からない〟という危機感を持ち続けられるかどうかである。

御書に「賢人《けんじん》は安《やす》きに居《い》て危《あやう》きを歎《なげ》き」（969ジペー）と。さまざまな災害を想定し、家庭や地域で今できることから始めたい。いざという時、自他《じた》の生命を守れる賢者《けんじゃ》になるために。

「助けて」と上手に言おう

2019・5・24

心の健康に関する講演会で「ヘルプシーキング」という言葉を耳にした。「援《えん》助希求《じょききゅう》」と訳《やく》すらしい。

「家事や育児、仕事でも『人に助けてもらうことはいいことだ』との意識を広げることが大切です」と、講師は言う。安心して助け合える関係は、一人一人に心の余裕《よゆう》をもたらし、持てる能力を引き出す。家庭も職場も、ひいては社会も信頼関係が強まる好循環《こうじゅんかん》が生まれる。「だから誰かに助けてもらったら、『すみません』と頭を下げるより『ありがとう』と笑顔で応《こた》えましょう」と講師は続けた。

人に迷惑《めいわく》をかけてはならないと教えられたからか、昨今《さっこん》の「自己責任」を強調する風潮《ふうちょう》からか、「助けて」と上手に言えない人が多いように思う。だが誰しも一人では生きられない。助けたり、助けられたりしていくのが人間だろう。

自分が恩を感じたら、いつか困《こま》っている人を見つけた時に進んで助ければいい。「恩返し」ならぬ、別の人を支《ささ》えることで社会に還元《かんげん》する「恩送《おく》り」という言葉もある。

御書に「人のために火をともせば・我《わ》がまへあきらかなるがごとし」（1598ページ）と。一人から一人へ〝希望の灯《ひ》〟をともすリレーが、地域や人生をどれほど明るくすることか。私たち創価の運動は〝支え合う世界〟を広げることでもある。

ぐずぐずしない　決断即《そく》行動だ

2019・6・11

約1000年前の中国・北宋《ほくそう》の時代に張詠《ちょうえい》という地方長官がいた。情にあつく機知《きち》に富《と》んだ人物で、大乱《たいらん》のあった四川《しせん》で諸葛孔明《しょかつこうめい》と並《なら》び称《しょう》されるほどの治《ち》績《せき》を残した。

張詠は「事に臨《のぞ》みて三難《さんなん》あり」と、問題に対処《たいしょ》する時に心すべき点を三つ挙《あ》げている。一つは「ものをよく見ること」。そして「見て行動にうつすこと」。最後に「行動する時決してぐずぐずしないこと」と（朱熹《しゅき》編・梅原郁《かおる》編訳『宋名臣言行録』ちくま学芸文庫）。

「ぐずぐずしてはいられない」――1945年7月、戸田先生は軍部政府の弾《だん》圧《あつ》による投獄《とうごく》から出獄して間もなく、こう言った。「私は、一日の休みもなく、奮闘《ふんとう》している。これからの半年の間に、2年間の投獄の空白を取り返す決心で戦っている！」。この〝決断即《そく》行動〟こそ永遠不滅《ふめつ》の学会魂である。

ささいな課題でも、先送りにしたり、放置《ほうち》したりすると、解決が難《むずか》しくなる場合がある。逆に、絶体絶命の困難にも、勝つと決めて作戦を練《ね》り、いち早く行動を起こすことで活路《かつろ》が開ける確率は高まる。

御聖訓に「所詮臨終只今《しょせんりんじゅうただいま》にありと解《さと》りて信心を致《いた》して」（御書1337ジペー）と。どんな課題もなおざりにせず、一つ一つ、全力で勝ち越えていくことだ。この「決断即《そく》行動」の連続の中で、人生勝利の道は開けていく。

デマや中傷を放置してはならない

2019・6・26

イギリス史に残る、ある人物への悪評《あくひょう》に疑問を抱《いだ》いた主人公が史書を徹底的《てっていてき》に調べ上げ、真実に迫《せま》っていく——〝歴史ミステリーの傑作《けっさく》〟と名高《なだか》い『時《とき》の娘』（ジョセフィン・テイ著）だ。

同書の中に、意図的《いとてき》な「作り話」が広がり「通説《つうせつ》」へと定着していく過程を言い得た一文がある。「今となってはもうとり返しがつかん。この話は嘘《うそ》だと知っている連中が黙《だま》って見ているあいだに、そのまったくの嘘っぱちが伝説になるまでにふくれ上がってしまったんだ」（小泉喜美子訳、早川書房）

社会にはびこる根拠《こんきょ》なきデマや中傷《ちゅうしょう》。その拡散《かくさん》の過程は、今も昔も変わらないだろう。人は、いかに低俗《ていぞく》な作り話であっても、繰り返し聞いているうちに真実と思い込んでしまうもの。ゆえに、断じて放置《ほうち》してはならない。

池田先生は「デマを打ち破《やぶ》るには、勇気をもって真実を語り抜くことである。その挑戦を怠《おこた》れば、デマに真実の座《ざ》を譲《ゆず》り渡《わた》すことになる」と。わずかなデマも打ち返していく不断《ふだん》の言論戦があってこそ、真実が真実として歴史に残る。

人々を不安や混乱《こんらん》に陥《おとしい》れるデマを正《ただ》すには「うそだと知っている人」が立ち上がり、真実を語り抜く以外にない。「一」言われたら「十」言い返す。この精神で、立正安国の言論戦に臨《のぞ》みたい。

忙《いそが》しい時は心の余裕を失いがち

２０１９・12・8

忙《いそが》しい時こそ、読み返したくなる一書がある。ドイツの児童文学作家ミヒャエル・エンデの小説『モモ』である。

「時間がない」と、せわしなく生きている大人が増え、人間らしさを失《うしな》って殺伐《さつばつ》としていく社会に警鐘《けいしょう》を鳴らした作品だ。そうした大人たちと対照的に描《えが》かれるのが、主人公の少女モモである。彼女は話を聴《き》く名人。ただじっと相手を見つめ、悩《なや》みや愚痴《ぐち》に耳を傾《かたむ》ける。相手は話を聴いてもらううちに、不思議と勇気や希望、知恵《ちえ》が湧《わ》き、自信を取《と》り戻《もど》すのだ。

多忙《たぼう》を極《きわ》めると失いがちなのが、人と向き合う心の余裕《よゆう》。「忙」という字を「心」が「亡《ほろ》ぶ」と書くのも合点《がってん》がいく。どんなに忙しくとも、悩める友を前にして「何か力《ちから》になれないか」と寄《よ》り添《そ》う心を、失いたくはないものだ。

仏の別名を「如来《にょらい》」という。「如々《にょにょ》として来《きた》る」、つまり瞬間瞬間《しゅんかんしゅんかん》の生命のことである。友に尽《つ》くす中で境涯《きょうがい》を広げ、一瞬一瞬《いっしゅんいっしゅん》の生命を最大に輝《かがや》かせていく姿《すがた》こそ、仏法の説《と》く生き方にほかならない。

池田先生は「人間が人間らしくあること、本当の意味での充足感《じゅうそくかん》、幸福感は、〝結びつき〟を通してしか得《え》られない」と訴《うった》えた。支《ささ》え合う人生を生きよう。人のために心を使った分だけ、自分の心も大きくなり、時間の使い方も豊かになる。

藤井聡太《そうた》棋聖は「闘争心の塊《かたまり》」

2020・7・18

将棋《しょうぎ》の八大タイトルの一つである棋聖戦《きせいせん》で、藤井聡太《そうた》七段が、「現役最強」といわれる渡辺明《あきら》棋聖に勝利した。17歳11カ月でのタイトル獲得《かくとく》によって、従来《じゅうらい》の史上最年少記録が30年ぶりに更新《こうしん》された。

プロ棋士《きし》としてデビューしてから29連勝を飾《かざ》るなど、数々の記録を樹立《じゅりつ》してきた。師匠《ししょう》の杉本昌隆《まさたか》八段は、弟子の藤井新棋聖について「闘争心《とうそうしん》の塊《かたまり》」と述《の》べている。「負けた悔《くや》しさを次の対局にぶつけて成長した」

棋士の羽生善治《はぶよしはる》九段は、将棋の勝負を決するのは、「『負けたくない』と思う気合い」「努力しても勝ちに恵《めぐ》まれないときにも持ちこたえる根性《こんじょう》」など、今の時代には評価されない「泥臭《どろくさ》い能力」が大きい、と指摘《してき》する（『羽生善治　闘う頭脳』文春文庫）。

「負けたくない」という心の強さ――その重要性は、盤上《ばんじょう》だけに限らない。御《ご》聖訓《せいくん》には「然《しかれ》どもいまだこりず候《そうろう》」（御書1056ジペー）と。いかなる試練《しれん》に遭遇《そうぐう》しようとも、そこから立ち上がる「不屈《ふくつ》」の強さが、私たちの信仰《しんこう》の真髄《しんずい》だ。

将棋の駒《こま》の「歩《ふ》」は1マスずつ前に進み、敵陣《てきじん》に入ると「金《きん》」と同じ働きをする。日々の生活においても、一歩また一歩と、自《みずか》らが掲《かか》げた目標へ向かって、挑戦を重ねていきたい。その「負けじ魂」の苦闘《くとう》が、わが黄金の歴史に変わっていく。

自発能動《のうどう》の生き方

2020・9・28

動詞《どうし》で「〜される」などの受動態《じゅどうたい》を多用《たよう》すると、文章が弱々しく、まわりくどく、煩雑《はんざつ》になる——アメリカの作家スティーヴン・キング氏が指南《しなん》している。「自信を持ち、能動態《のうどうたい》でどんどん書き進めていけばいい。それで何も問題はない」と（『書くことについて』田村義進《よしのぶ》訳《やく》、小学館文庫）。

法華経《ほけきょう》に、常不軽菩薩《じょうふきょうぼさつ》という名の菩薩が登場する。鳩摩羅什《くまらじゅう》の訳《やく》では「常《つね》に（人を）軽《かろ》んじなかった」菩薩。一方、サンスクリット（古代インドの文章語）では、反対に「常に（人から）軽んじられた」の意味だったという。

常不軽は自分がいくら軽蔑《けいべつ》されても、人々に「我《われ》は深く汝等《なんだち》を敬《うやま》い、敢《あ》えて軽慢《きょうまん》せず」と説《と》いた。その行動こそ、人々を「軽んじない」万人尊敬《ばんにんそんけい》の教えそのものである。常不軽を能動の菩薩として捉《とら》えることで、法華経の模範《もはん》の修行者としての姿《すがた》が浮《う》き彫《ぼ》りになる。

いかなる分野でも、受け身の姿勢《しせい》では大事を成《な》し遂《と》げることはできまい。傍《ぼう》観者《かんしゃ》ではなく、主体者として立ち上がる一念《いちねん》の変革《へんかく》に、人間革命の鍵《かぎ》もある。大切なのは、自《みずか》ら目標を決めること。そして、達成に向けて祈り、動くことだ。「創価」には「価値《かち》を創造《そうぞう》する」との意味が込《こ》められている。その名が示す通り、自発《じはつ》能動の生き方を貫《つらぬ》いていきたい。

「10年後の自分」を心に描《えが》こう

2020・11・16

プロ野球・福岡ソフトバンクホークスの和田毅《つよし》投手は、プロに入って3、4年目の頃《ころ》から、「10年後の自分」を意識したトレーニングを積み重ねてきた。年齢《ねんれい》とともに、以前なら無意識に使えていた細かな筋肉《きんにく》が、動きづらくなっているのを感じるという。だが、同年代の選手に比べると、衰《おとろ》えに抗《あらが》っている自負《じふ》がある。10年後を意識して、神経系の働きや筋肉の柔軟性《じゅうなんせい》などの練習を積極的に行ってきたからだ（『だから僕《ぼく》は練習する』ダイヤモンド社）。

「松坂世代」の選手の多くが引退する中、その世代の一人である和田投手は、プロ18年目の今季も、開幕《かいまく》から先発ローテーションを守り続け、8勝を挙げている。将来《しょうらい》を見据《みす》えた努力が、こうした成績につながっているのだろう。

未来を「どうなるか」と予測《よそく》するだけでなく、「こうする」と決めて行動に移す。その明確な意思が、自《みずか》らの人生を形作《かたちづく》っていく。未来は、今の自分自身の一念《いちねん》にある。御書には「未来の果《か》を知らんと欲《ほっ》せば其《そ》の現在の因《いん》を見よ」（231ジペー）と仰《おお》せだ。

池田先生は、学会創立《そうりつ》90周年から100周年への10年を「人類の『宿命転換《てんかん》』を、断固として成《な》し遂《と》げていくべき勝負の時」と。大いなる目標へ、挑戦を開始しよう。「10年後の自分」を心に描《えが》きながら。

先入観を持つと人の長所が見えなくなる　2020・12・9

野生《やせい》動物調査という仕事がある。道路や鉄道など大きな開発事業が行われる際《さい》、地域に生息《せいそく》する動物への影響《えいきょう》を事前《じぜん》に調べるものだ。

鳥を担当《たんとう》する男子部員に話を聞いた。日の出とともに動きだし、山や森の中へ。野鳥の発見と識別《しきべつ》に努《つと》めるが、相手は隠《かく》れ上手《じょうず》で逃《に》げ上手。ただ双眼鏡《そうがんきょう》を向けるだけで見つかるものではない。研修時代に恩師から教わった要諦《ようてい》は「まず、そこに〝必ずいる〟と信じること」。心のどこかで諦《あきら》めている人と、信じ抜《ぬ》ける人とでは、同じ景色《けしき》を見ていても「発見力《りょく》」に天地雲泥《うんでい》の差があるという。

「人間の見方も同じだなって思うんです」と彼は言った。なるほど、「この人はダメだ」と先入観《せんにゅうかん》を持ってしまえば、相手の長所も見えなくなる。肉眼《にくがん》で捉《とら》える前に、自分の心眼《しんがん》に曇《くも》りはないかが問われている。

題目を唱《とな》える人は「明るい鏡《かがみ》が全《すべ》ての像を映《うつ》し出すように、全てを見きわめることができる」（御書763ペ–ジ、通解）と日蓮大聖人は仰《おお》せだ。どんな人にも仏《ぶっ》性《しょう》がある。伸《の》びよう、幸せになろうという向上の命がある。妙法を信じ行《ぎょう》じる人は、自《じ》他《た》共《とも》に具《そな》わる、そうした尊極《そんごく》なる生命を見る心の眼を磨《みが》いているのである。

「全員が人材」「使命のない人などいない」と決めて祈《いの》ろう。そこから違《ちが》う世界が見えてくる。

闘病を支えた「足し算の縁」

2021・1・12

フリーアナウンサーの笠井信輔《しんすけ》さんは一昨年の冬、悪性リンパ腫《しゅ》に。昨年6月に完全寛解《かんかい》となるまで、先の見えない不安な心を支《ささ》えたのが、本年3月で10年となる東日本大震災《だいしんさい》の取材で得《え》た経験だった。

当初、被災者《ひさいしゃ》の多くは〝あの人が亡《な》くなった〟と失《うしな》った縁《えん》を語っていた。だがある時から〝避難所《ひなんじょ》であの人に会えた〟と、足し算の縁を語る人が増《ふ》えていった。氏は「苦境《くきょう》に立たされた時に『引き算の縁』から『足し算の縁』へのスイッチの切《き》り替《か》えをうまくできる人は困難《こんなん》を乗《の》り越《こ》えることができる」と感じ、それが闘病《とうびょう》の支えになったという（『生きる力《ちから》』ＫＡＤＯＫＡＷＡ）。

良き縁は、自身の成長の糧《かて》となり、苦境にあっては生きる勇気を呼び覚《よさ》ます力となる。日蓮大聖人は「三因仏性《さんいんぶっしょう》は有《あ》りと雖《いえど》も善知識《ぜんちしき》の縁《えん》に値《あ》わざれば悟《さと》らず知《し》らず顕《あらわ》れず」（御書574ジペー）と仰《おお》せだ。私たちの生命に内在《ないざい》する仏性は、「善知識の縁」に触《ふ》れることで現《あらわ》れる。

善《よ》き友と励《はげ》まし合って進む人生に行き詰《づ》まりはない。自《みずか》らが友の「善縁《ぜんえん》」となる。病《やまい》など自分を苦しめる一切を、「善知識」へと変えていく。ここに、仏法者の生き方がある。

広宣流布の運動は、一人一人との縁を強く、深くすること。きょうも工夫《くふう》して、善縁を広げる挑戦《ちょうせん》を重《かさ》ねたい。

寅《とら》さんの人生談義《だんぎ》

2021・1・29

映画《えいが》「男はつらいよ」に、こんなシーンがある。寅《とら》さんの甥《おい》っ子《こ》が大学受験に悩《なや》み、「何のために勉強するのかな」と尋《たず》ねた。「人間長《なが》い間《あいだ》生きてりゃいろんな事にぶつかるだろう」と、寅さんの人生談義《だんぎ》が始まる。

「そんな時オレみてえに勉強してない奴《やつ》は、この振《ふ》ったサイコロの出た目で決めるとか、その時の気分で決めるよりしょうがないな」。だが勉強した人は違《ちが》う。「自分の頭で、キチンと筋道《すじみち》を立てて、はて、こういう時はどうしたらいいかなと考える事が出来《でき》るんだ」

受験生に限らず、大人になっても学ぶ意味の重要性は変わらない。特に「不《ふ》確実性《かくじつせい》の時代」といわれる現代、正解を出せない〝難問《なんもん》〟にぶつかることは誰《だれ》にでもあろう。

頭がいい人とは、どんな人か。未来部員の問いに、池田先生は「絶対にあきらめない人」と答えた。分からないことから逃《に》げるのではなく、何としても分かろうとする「強い心の人」である、と。

創価学会は「学ぶ会」。どんな状況《じょうきょう》にあっても善《ぜん》の価値《かち》を創造《そうぞう》するため、「学ぼう！」との思いを持った人たちの集《つど》いである。「どうせ自分なんて」と卑下《ひげ》する友がいたら、寅さんではないが、「それを言っちゃあ、おしまいよ」と励《はげ》まし合いたい。人は学び続ける限り、行き詰《づ》まることはない。

第7章

平和と教育と人権の世紀

生命尊厳の哲学を時代精神へと高めていく。

その確かな基盤は平和と教育であり、どこまでも「人間の生きる権利」を守る精神性である。

【平和】

戦争ほど、残酷《ざんこく》なものはない 平和ほど、尊きものはない

2018・8・6

猛暑《もうしょ》のある日、広島平和記念公園を歩いた。爆心地《ばくしんち》近くに造《つく》られた池にハスの花々が咲き始めていた。その光景からは、73年前の惨状《さんじょう》はとても想像できなかった。

1945年8月6日の午前8時15分。出勤中の父に、家事にいそしむ母に、遊びに興《きょう》じる幼子《おさなご》に、3000度以上の熱線《ねっせん》が降り注《そそ》いだ。一発の原爆が肌《はだ》を焦《こ》がし、家族の幸せを奪《うば》う。病院にも行けず、薬もない被爆者は、ハスの葉で傷口《きずぐち》を覆《おお》い、やけどの痛みに耐《た》えたという。

当時5歳だった婦人部員の家には、皮膚《ひふ》の焼けただれた人が次々とやって来ては、飲み水を求めた。婦人は幼いながらも、井戸水をコップにつぎ、手渡し続けた。「……かわいそうにのう」。祖母の悲痛《ひつう》な声が耳に残っている。

20歳で入会すると、荒廃《こうはい》した広島の街を広布に走った。「戦争ほど、残酷《ざんこく》なものはない」――小説『人間革命』の冒頭に刻《きざ》まれた師の思いを胸に、幼稚園教諭として生命の尊さを伝えてきた。被爆者の平均年齢が82歳を超えた今、「ヒロシマの願いを青年が継《つ》いでほしい」と語る。

25年前の8月6日、池田先生は小説『新・人間革命』の執筆を開始した。「平和ほど、尊きものはない」。この師の信念は未来を生きる青年たちに託《たく》される。地上から「悲惨《ひさん》の二字」を断じてなくすために。

【平和】

"いのちを大切にすること"が出発点

２０１８・８・15

東北や信越など、冬に豪雪《ごうせつ》に見舞《みま》われる地域では、成人式を1月ではなく、夏に行う市町村が珍《めずら》しくない。とりわけ、帰省に合わせ、旧盆《きゅうぼん》の8月15日に開催するところが多い。

成人式の始まりは、１９４６年（昭和21年）に現在の埼玉県蕨《わらび》市で開かれた第1回青年祭にあるといわれる。終戦直後の暗い世情《せじょう》にあって、未来ある若者を励ますための企画だったという。次代を担《にな》う人たちが希望を持てなければ、明るく平和な未来もないということだろう。その歴史から考えると、「8月15

日」に成人式が開催されるのは故《ゆえ》なきことではない。

広布史をひもとくと、50年前の8月15日には、未来部の機関紙「未来ジャーナル」の前身《ぜんしん》に当たる「鳳雛《ほうすう》ジャーナル」が創刊されている。池田先生が広布後継の友に、平和の世紀を開く使命を託《たく》すという、深い意味があったように思えてならない。

先生は「平和は、他人《ひと》のいのちを大切にすること。希望は、自分のいのちを大切にすること」と述べている。そして、自他共《じたとも》の〝いのちを大切にすること〟こそ、「人間にとって一番に大切な一点」と強調する。

平和や希望は、どこか遠くにあるわけではない。私たちの身近に、いや、自分自身の心から始まる。その出発点を確かめる「8・15」としたい。

【平和】

善《ぜん》悪《あく》の判断の欠《けつ》如《じょ》が最大の悪を為《な》す

2018・11・15

80年前の11月9日の夜、ドイツ全土でシナゴーグ（ユダヤ教の会堂）やユダヤ人の商店などが焼《や》き払《はら》われた。ナチスによる弾圧《だんあつ》である。街にガラスの破片《はへん》が散乱《さんらん》したことから、その迫害《はくがい》は「水晶《すいしょう》の夜」と呼ばれる。

ユダヤ人虐殺《ぎゃくさつ》（ホロコースト）の実行責任者だったアドルフ・アイヒマン。戦後の裁判で彼が主張したのは〝「命令」に忠実《ちゅうじつ》に従《したが》っただけ〟ということ。何百万人もの命を奪《うば》った男が裁判で見せたのは、自分の頭で善悪《ぜんあく》を判断しない姿《すがた》だった。

裁判を傍聴《ぼうちょう》した哲学者《てつがく》ハンナ・アーレントは、その思考の欠如《けつじょ》に衝撃《しょうげき》を受け、こう指摘《してき》している。「善を為《な》すとも悪を為すとも決めることのできない人間が、最大の悪を為すのです」(中山元訳『責任と判断』筑摩書房)

凄惨《せいさん》な歴史を繰り返さないために、ホロコーストから学ぶべき教訓《きょうくん》は数多くある。その一つが、自身の生き方を問うことを忘れ、「善を為す」という勇気を失った時、私たちは人間の生存《せいぞん》を奪《うば》う悪にさえ加担《かたん》しかねない、ということだ。

「水晶の夜」は、1989年に「ベルリンの壁《かべ》」が崩壊《ほうかい》した日でもある。心に「差別の壁」をつくるのが人間であれば、「平和の砦《とりで》」を築くのも人間。その人間の善性を呼び覚《さ》まし、人道の連帯を広げていく。それが創価の戦いである。

【平和】

戦禍《せんか》に遭《あ》った人々が残した絵

2019・3・26

フランス南西部にあるラスコー洞窟《どうくつ》の壁画《へきが》は人類最古《さいこ》の絵画とされる。約2万年前、クロマニョン人が躍動感《やくどうかん》ある動物たちの彩色画《さいしきが》を描《えが》いた。

誰《だれ》かに何かを伝えようとしたのか。ただ表現することを望んだのか。諸説《しょせつ》あるが、現代人に「過去を知ろうとする営《いとな》み」を促《うなが》したことは事実だろう。文字の誕生は約5000年前。人類は言葉よりもずっと前に、絵によって事実や思いを記録し始めた。

家族と一緒に学会の沖縄研修道場を訪《おとず》れた東京の少女部員は、展示された絵から思わず目を背《そむ》けた。迫《せま》り来る米軍におののきながら親子や兄弟で命を絶《た》った強制集団死、日本兵にスパイ容疑《ようぎ》をかけられ殺される無実《むじつ》の住民……「沖縄戦の絵」展である。

当時の記憶《きおく》を風化《ふうか》させまいと沖縄青年部が体験者の元へ足を運び、描いてもらったものだ。少女は勇気を振《ふ》り絞《しぼ》り、見学した。そして感想をつづった。「戦争はこわい」「けど、戦争があったことを、ぜったいわすれないようにしたい」

戦禍《せんか》に遭《あ》った人々が残した絵は、ただの絵ではない。筆舌《ひつぜつ》に尽《つ》くせぬ悲しみの声であり、「いくさやならんどー」（戦争はいけない）との願いだ。きょう26日は1945年、米軍が慶良間《けらま》諸島に上陸し、沖縄戦が始まった日。命と平和の尊《とうと》さを語り継《つ》ぐ日である。

平和とは忘却《ぼうきゃく》との戦いだ

2019・8・5

8月6日や8月9日が何の日か、答えられない人が増えている。人類初の核《かく》兵器《へいき》が、この国に2度も投下《とうか》され、数十万の尊《とうと》い命が奪《うば》われた日。それは、わずか74年前のことである。

長崎市に住む86歳の壮年は、小学6年の時、爆心地《ばくしんち》から1・2キロ地点で被爆《ひばく》し、瀕死《ひんし》のやけどを負《お》った。同じ小学校に通《かよ》っていた約1500人の児童のうち、1400人余りが犠牲《ぎせい》になった。2人の姉も後遺症《こういしょう》で帰らぬ人に。

壮年は、いわれなき差別や偏見《へんけん》と戦いながら、〝あの日〟の記憶《きおく》を語り続けてきた。「長崎を忘れることは〝生命の魔性《ましょう》〟を忘れること。私の戦いは終わりません」

今や、日本人の8割以上が戦後生まれ。被爆者の平均年齢は82歳を超えた（厚生労働省）。戦争、原爆の脅威《きょうい》を身をもって知る当事者が高齢となり、じかに体験を聞ける機会が失われつつある。時間は本当に限られている。この夏、広島では「被爆体験を聞く会」、長崎では原爆遺構《いこう》を巡《めぐ》る「ピースウオーク」等を行い、被爆者の証言と心を受《う》け継《つ》ぐ運動に力を注《そそ》ぐ。

平和とは忘却《ぼうきゃく》との戦いだ。戦争の悲惨《ひさん》さを知らなければ、いかなる議論も実のあるものにはならない。今、改めて広島と向き合い、長崎と向き合いたい。そこから、核兵器なき未来が見えてくる。

傍観《ぼうかん》、無関心の風潮《ふうちょう》こそ〝平和の敵〟

2020・8・9

戦時中、ユダヤ人を虐殺《ぎゃくさつ》した蛮行《ばんこう》の責任は誰《だれ》にあるのか——。ドイツの歴史学者グイド・クノップはこう洞察《どうさつ》する。元凶《げんきょう》はヒトラーに違《ちが》いない。だが、「それを傍観《ぼうかん》し、また目を背《そむ》けていた」数百万の人々の責任も重い、と（『ホロコースト全証言《ぜんしょうげん》』高木玲・藤島淳一訳、原書房）。

不正や真実から目をそらす。勇気の声を上げない。行動を起こさない。そうした人々の姿勢《しせい》こそが、巨悪《きょあく》を生み出す温床《おんしょう》になったというのだ。「人類への警鐘《けいしょう》」と受け止めたい。

これまで長崎、広島で数々の平和行事を取材してきた。当事者から貴重《きちょう》な証言を伺《うかが》うたびに、胸が熱くなった。原爆《げんばく》への怒《いか》りが込《こ》み上げた。そして強く実感した。〝戦争の実態《じったい》を知れば知るほど、平和の尊《とうと》さに感謝できる。行動を起こす意欲《いよく》、勇気が湧《わ》く〟と。

日蓮大聖人は「敵を知らなければ、敵にだまされてしまう」（御書931ジペー、通解）と警鐘を鳴《な》らされた。時代や社会が変わろうと、生命軽視《けいし》の魔性《ましょう》の権化《ごんげ》ともいうべき核兵器《かくへいき》の存在《そんざい》を断じて許《ゆる》してはならない。傍観、無関心を蔓延《まんえん》させる風潮《ふうちょう》こそが〝平和の敵〟と見破《みやぶ》り、打破《だは》していくことだ。

被爆《ひばく》75年を迎《むか》えた今、改めて長崎、広島と真剣《しんけん》に向き合う時である。歴史の真実を学び合い、平和創造《そうぞう》の連帯を一段《いちだん》と強めていきたい。

【平和】

焼け焦《こ》げた弁当箱から何を感じ取るか

２０２０・８・14

広島市にある巨大《きょだい》なレンガ張《ば》りの倉庫「旧陸軍被服支廠《ひふくししょう》」。建物の西側に面した市道を歩くと、原爆《げんばく》のすさまじい爆風《ばくふう》で変形した鉄扉《てっぴ》が目《め》に飛《と》び込《こ》んできた。

原爆投下から75年。被爆者《ひばくしゃ》の平均年齢《ねんれい》は83歳を超《こ》え、被爆体験を直接、聞くことができなくなる「被爆者なき時代」が近づいている。壮絶《そうぜつ》な体験に基《もと》づく証言ゆえに力《ちから》があり、説得力がある〝生《なま》の声〟に頼《たよ》ることのできない時代が間《ま》もなく訪《おとず》れる。

広島平和記念資料館に、真っ黒に焼《や》け焦《こ》げた中学生の弁当箱が展示《てんじ》されている。爆心地《ばくしんち》から600メートル。少年は弁当を食べることはできなかった。この弁当箱は、骨《ほね》になった息子の遺体《いたい》を母親が見つけた時、遺体の下にあったもの。

弁当を楽しみにしていた少年の気持ち。息子ではなく弁当箱だけが手元に戻《もど》った母親の気持ち。こうした思いを本人に直接、聞かなくても、この弁当箱から感じ取ることができるだろうか。「一番大切なものは想像力」と語るのは、今年83歳の被爆者。「もの言わぬ核兵器《かくへいき》の証言者から学び取れる感受性《かんじゅせい》を身に付けてほしい」と。

想像力が自分と自分以外の世界を結《むす》び、人生を豊かにする。相手を思う「同《どう》苦《く》」の心から想像力は生まれる。同じ経験はできなくても、想像力を働かせる努力だけは惜《お》しむまい。

【平和】

自分が当事者《とうじしゃ》だと自覚《じかく》すること

2020・8・18

昨夏、広島の平和記念資料館を訪《おとず》れた時のこと。

展示室《てんじしつ》の入り口付近で小学生の女の子がお母さんの手を握《にぎ》り、「帰ろうよ」と。その手を握り返《かえ》しながら、お母さんはじっと立っていた。展示室の中では、被爆《ひばく》した中学生の遺品《いひん》の説明文を、同じ年くらいの男の子に涙《なみだ》を流しながら読み聞かせているお母さんもいた。

今年、長崎の原爆《げんばく》資料館に胸《むね》打つ言葉が掲《かか》げられた。

「核兵器《かくへいき》、環境《かんきょう》問題、新型コロナウイルス…世界規模《きぼ》の問題に立ち向かう時

に必要なこと　その根《ね》っこは、同じだと思います。自分が当事者《とうじしゃ》だと自覚《じかく》すること。人を思いやること。結末《けつまつ》を想像すること。そして行動に移《うつ》すこと」

核兵器廃絶《はいぜつ》の運動は、「被爆の苦しみを二度と誰《だれ》にも体験させてはいけない」との被爆者と被爆地の方々《かたがた》の熱い思いに支《ささ》えられてきた。その心で創価学会も運動を進めてきた。言うまでもないが、核兵器も環境の問題も、地球に生きる全《すべ》ての人が当事者である。

大事なことは、当事者の私たちが無関心《むかんしん》、無防備《むぼうび》であれば、危機《きき》はひたひたと押《お》し寄《よ》せ、私たちの命を脅《おびや》かす。反対に一人一人が危機を自覚し、連帯し、行動すれば、抑《おさ》えることは不可能ではないことだ。コロナ禍《か》はそれを教えている。

人類の一員として生きる責任感を心に刻《きざ》む夏にしたい。

平和建設の「行動の連帯」を幾重《いくえ》にも

2020・11・3

哲学者《てつがくしゃ》ラッセルはかつて、英国の番組で、「人類の危機《きき》」と題して核兵器《かくへいき》の脅《きょう》威《い》を語った。反響《はんきょう》の大きさを感じた彼は、この「人類の危機」を基《もと》にした声明《せいめい》の発表を考案《こうあん》。賛同《さんどう》の署名《しょめい》を科学者に呼《よ》び掛《か》けた。

彼がアインシュタイン博士から、声明に同意《どうい》する書簡《しょかん》を受け取ったのは、博士が亡《な》くなった直後のこと。20世紀最大の物理学者が生涯《しょうがい》の最後に行《おこな》った仕事の一つが、核兵器と戦争の根絶《こんぜつ》を訴《うった》えた声明に賛同する手紙を書くことだった。

声明は「ラッセル＝アインシュタイン宣言《せんげん》」の名で知られる。発表に至《いた》るまでに、ラッセルはロシア・アカデミーの会員とも書簡を交《か》わした。宣言は政治体制を超《こ》えて、多くの科学者と粘《ねば》り強《づよ》く対話を重《かさ》ねたことで生まれた（『ラッセル自叙伝《じじょでん》Ⅲ』理想社）。

署名者の一人であるロートブラット博士は、池田先生との対談で、「連帯すれば、世界を変えていける」と強調した。明年1月の発効《はっこう》が決まった核兵器禁止条約も、採択《さいたく》への道を開《ひら》く大きな力《ちから》となったのは、被爆者《ひばくしゃ》やＩ《アイ》ＣＡＮ《キャン》（核兵器廃絶《はいぜつ》国際キャンペーン）をはじめとする「市民の連帯」である。

対話を通して、平和建設の「行動の連帯」を幾重《いくえ》にも広げたい。それは、核兵器廃絶に生涯《しょうがい》をささげた先人たちの苦闘《くとう》に報《むく》いる、私たちの責務《せきむ》でもある。

【平和】

「核兵器禁止条約」が発効

2021・1・22

「アメリカの良心」とたたえられたノーマン・カズンズ博士の自宅《じたく》を、ある友人が訪《たず》ねた折《おり》のこと。友人の妻が背中の痛《いた》みを訴《うった》えた。この時、博士の養女であるシゲコ・ササモリさんが指圧をほどこした。

ササモリさんは13歳の時、広島で被爆《ひばく》。10年後、ケロイド治療《ちりょう》で広島から渡《と》米《べい》した。しかし指には、やけどの痕《あと》が残り、右手の小指と薬指は曲がったまま。その指で、夫人に指圧するササモリさんの姿を見て、友人は涙《なみだ》が止まらなかった。

ササモリさんは自身の被爆体験を、さまざまな場で語ってきた。かつてアメリカ創価大学で開催された「平和の文化」シンポジウムで、「戦争が始まってしまえば、みんな被害者《ひがいしゃ》。アメリカの兵士にも戦争の犠牲者《ぎせいしゃ》がいる。だから、私はアメリカのことを恨《うら》んでいません」と。

この言葉を語るまでに、どれほどの心の葛藤《かっとう》があっただろう。加害・被害の恩讐《おんしゅう》を乗《の》り越《こ》える努力を積み重ね、同じ人間として、核兵器《かくへいき》の非人道性を直視《ちょくし》する。それが、恒久的《こうきゅうてき》な世界平和を建設する出発点となる。

きょう、「核兵器禁止条約」が発効する。後世、核兵器の「保有」から「廃《はい》絶《ぜつ》」への大きな転換点《てんかんてん》といわれる日にしなければならない。そのために「地球《ちきゅう》益《えき》」に立脚《りっきゃく》した「行動の連帯」を足元から広げたい。

【平和】

核兵器は「絶対悪」である

２０２１・１・27

広島の爆心地《ばくしんち》の真北、同じ東経《とうけい》１３２度27分に、中国平和記念墓地《ぼち》公園の「世界平和祈願《きがん》の碑《ひ》」がある。６体のブロンズ像は、世界中の被《ひ》ばく者を追悼《ついとう》するために建立《こんりゅう》された。

像の一つに「後継《こうけい》の像」がある。母に高く掲《かか》げられた幼子《おさなご》が、大空に向かって両手を広げている。制作者のルイ・デルブレ氏は「未来を担《にな》い、大いなる希望をもって『成長していく人間』の姿《すがた》を幼児《ようじ》として表現しています」と語った。

１歳11カ月で被爆《ひばく》した広島の壮年部員には、〝二人の母親〟がいる。生《う》みの母は原爆《げんばく》で命を落とした。育《そだ》ての母も爆心地から1・5キロで被爆。体が弱かった継母《けいぼ》は、その体験をほとんど語らずに亡《な》くなった。

二人の母の生涯《しょうがい》は、壮年に原爆の悲惨《ひさん》さを痛切《つうせつ》に感じさせた。核兵器《かくへいき》の恐《おそ》ろしさを語っていくことが母への恩返しになると、壮年は二人の母への感謝と、自《みずか》らの被爆体験を語り続けてきた。命ある限り平和を叫《さけ》ぶ――それが自身の使命と決めている。

22日に発効《はっこう》した「核兵器禁止条約」。広島平和文化センターの小泉崇《たかし》理事長は、「人道的観点《かんてん》から核兵器を絶対悪として禁止する道筋《みちすじ》をつけた」(毎日新聞1月20日付)と。母の命を奪《うば》い、思い出したくもない苦悩《くのう》を母に背負《せお》わせる――その一点で、核兵器は「絶対悪」である。

【教育】

〝ありのままの姿〟を無条件に受け入れる

２０１８・２・７

「よく来たね！」「いつもありがとう！」――学会の集いに行くと、参加者を温かく迎える光景に出合う。立場や状況の違いを超え、一人をたたえ励《はげ》ます姿《すがた》に、周囲の心も温かくなる。

アメリカの心理学者カール・ロジャーズは、人間に建設的な変化をもたらす対話の姿勢《しせい》として「無条件の肯定的配慮《こうていてきはいりょ》」を挙げた。対話に当たっては、話の内容等の「条件」を付けず、相手という〝存在そのもの〟に興味を持って関わる姿勢が、心からの安心感を与《あた》えるという。

内閣府の「子供・若者の意識に関する調査」（2016年度）によると、〝自分の居場所《いばしょ》〟と思える人間関係がある若者ほど、人生に前向きで充実感があるという。さらに、若者が孤立《こりつ》する状況を避《さ》けるには家庭以外で温かく支《ささ》える存在が必要とも。〝ありのままの姿〟を受け入れる場の重要性がうかがえる。

学校では成績、社会では才能・財力《ざいりょく》・地位など、何らかの「条件」によって評価される。しかし、それらはある人の〝一つの側面〟にすぎない。尺度《しゃくど》に人間を当てはめるばかりではなく、人間にさまざまな尺度を当ててみれば、どんな人にも長所や可能性が見えてくる。

仏法は「万人《ばんにん》尊敬」を説《と》く。一人一人に秘《ひ》められた、限りない力《ちから》をたたえ、引き出すのが、創価の励ましである。

【教育】

「〝困《こま》った子〟ではなく〝困っている子〟と見るんです」

2018・2・13

学校のクラスに問題行動を起こす子がいる。どうするか。教育本部の友は言う。「〝困《こま》った子〟ではなく、〝困っている子〟と見るんです」

最初から大人を困らせたいと思う子はいない。勉強についていけなかったり、集団生活が苦手《にがて》だったりして、心ならずも問題行動に及《およ》んでしまう。つまり〝困っている〟のだ。視点を転換《てんかん》して寄《よ》り添《そ》い、適切な手立《てだ》てを講《こう》じれば子どもは安心し、大きく伸びていくという。

釈尊《しゃくそん》の教団にいた「須梨槃特《しゅりはんどく》」も、仲間から見れば〝困った人〟。自分の名前すら忘れるほど物覚《ものおぼ》えが悪かった。複雑な修行《しゅぎょう》についていけず、兄弟子《あにでし》によって教団から追い出されてしまう。だが釈尊は違《ちが》った。涙《なみだ》ぐむ彼の手を優《やさ》しく取り、励《はげ》ました。「一緒に頑張ろう」。そして短い言葉で、ゆっくり教えを説《と》いたのだ。師の心を知り、教えを愚直《ぐちょく》に実践することにおいて、須梨槃特は誰にも負けなかった。やがて、見事に悟《さと》りを開いた。

100人いれば100の個性がある。仏はその「違い」を尊重《そんちょう》した。全《すべ》ての人に法を弘《ひろ》めるために、思索《しさく》と工夫を重ねたのである。

仏法では、慈悲《じひ》と智慧《ちえ》は一体であると説く。どうすれば困っている人、悩んでいる人に勇気と自信を送れるか。心を砕《くだ》き、祈《いの》り抜く限り、智慧は必ず湧《わ》いてくる。

【教育】

どんな意見も頭《あたま》ごなしに否定《ひてい》しない

2018・6・4

空気をつくる仕事がある。といっても気体を生み出すわけではない。会議で皆が話しやすい〝空気〟をつくるのだ。

その名も「ファシリテーター（促進者《そくしん》）」。〝意見が出づらい。時間が長い〟といった〝残念な会議〟から脱却《だっきゃく》しようと、導入《どうにゅう》する企業や団体が増えている。

空気づくりのポイントは「どんな意見も頭《あたま》ごなしに否定《ひてい》しない」。笑顔で、穏《おだ》やかに、一人一人の思いをうまく引き出しながら、意見をすり合わせ、一体感《いったいかん》と新しいアイデアを生み出すという。

未来本部と教育本部が推進する「家庭教育懇談会《こんだん》」も、同じ視点《してん》を取り入れている。教育本部が促進者役となり、子育て中の親の不安や本音《ほんね》を受け止め、ねぎらい、共感する〝空気〟をつくる。「話を聞いてもらえた」「分かってくれた」との安心感が、「また頑張《がんば》ろう！」という活力をもたらす。

すると、父親・母親たちが使う言葉にも変化が表れるという。子どもや配偶《はいぐう》者《しゃ》に掛ける言葉が、前向きで感謝や共感をベースにしたものになるそうだ。

御書に「人のものをしふると申《もう》すは車のおもけれども油《あぶら》をぬりてまわり」（1574ジペー）と。号令《ごうれい》ではなく、自由な対話の場をつくり、どう一人一人の良さを引き出していけるか。友の心に喜びを広げる〝促進者〟にと誓う。

【教育】

「自分を大切に」 それが父母《ちちはは》の願い

2018・7・30

詩人の吉野弘さんの「奈々子に」という作品には、父として〝娘にあげたいもの〟が二つ記されている。一つは「健康」。もう一つが「自分を愛する心」である。

「自分を愛することをやめるとき／ひとは／他人を愛することをやめ／世界を見失ってしまう」。だから大切なのは、「かちとるにむずかしく／はぐくむにむずかしい／自分を愛する心だ」と（『吉野弘詩集』ハルキ文庫）。読む側が年齢を重ねるにつれ、味わいが増す詩の一つだ。

福島県のある婦人部員は昨年、夫を病《やまい》で亡《な》くした。夫の唯一《ゆいいつ》の心残りは、数年来、音信が途絶《とだ》えた長男のこと。葬儀《そうぎ》の後、ようやく再会した長男は、離婚《りこん》と経済苦から自暴自棄《じぼうじき》になっていた。そんなわが子に、母は言った。「自分を大切にするのよ。それが、お父さんとお母さんの、ただ一つの願いなの」

長男は涙《なみだ》しながら何度もうなずいた。そして、父の広布への遺志《いし》を継《つ》ぐと誓った彼の御本尊授与式には、現在暮らす神奈川の同志も駆《か》け付けた。長男は今、創価の庭で生き生きと活動に励む。

ありふれた「自分を大切に」という言葉だからこそ、子の幸福を願う親の慈《じ》愛《あい》がにじむ。何があっても、自分で自分を諦《あきら》めない――この限りない希望の哲学を、全《すべ》ての子どもたちに伝えたい。

【教育】

ガラスの水差《みずさ》しとコップがぶつかったら

2019・5・15

その婦人部員は、反抗期《はんこうき》の息子と衝突《しょうとつ》してばかり。「うるせえな！」と息子が言えば、「なに！　その口《くち》の利《き》き方《かた》は！」とやり返す。

ある日、学会の会合で一つのエピソードを聞いた。戸田先生が第2代会長就任式《しゅうにんしき》で学会歌の指揮《しき》に立った時のこと。その勢いで、卓上《たくじょう》のガラスの水差《みずさ》しとコップがぶつかり、どちらも割れてしまった。すると、先生は当意即妙《とういそくみょう》、「水差しは〝コップがふれたから割れた〟と言い、コップは〝水差しがぶつかったのだから割れたのだ〟と言うかもしれない」と。しかし「これが、綿《わた》とガラスだったらどうだ？　決して壊《こわ》れはしまい」

話を聞きながら、婦人は自分が〝ガラス〟だったことに気付く。「子育ても同じね」と先輩がほほ笑んだ。「子どもを変えようとするのではなく、まず大人が変わることが大切よ」

強さとは、相手を打ち負かそうと意地《いじ》になることではない。どんな縁《えん》に触れても、それに振り回されない力《ちから》の異名《いみょう》であろう。池田先生は子育て中の親に語った。「〝綿〟になって、ふんわりと子どもをつつみ込んであげるのです。それが、本当の『強さ』でしょう」

「自他共《じたとも》に智慧《ちえ》と慈悲《じひ》と有《あ》るを喜《き》とは云《い》うなり」（御書761ジペー）。自他共の喜びを生み出す力を育《はぐく》むことが、教育の醍醐味《だいごみ》でもある。

努力の歩みを止めるな　受験生頑張《がんば》れ！　２０２０・６・24

梅雨《つゆ》の風物詩《ふうぶつし》にちなんだクイズを一つ。「カタツムリがいる。昼間に木を３㍍《メートル》登《のぼ》るが、夜間には２㍍《メートル》下《さ》がってしまう。高さ９㍍《メートル》の頂上《ちょうじょう》に達《たっ》するには、何日かかるか」

〝１日に１㍍《メートル》ずつ登る〟と決めてかかると、正解にならない。答えは「７日」。７日目の昼に３㍍《メートル》登れば頂上に着く。戸田先生の『推理《すいり》式指導算術』に出てくる問いだ。発刊は１９３０年６月25日で、当時のベストセラーに。カタツムリ算の他にも「旅人算」「年齢《ねんれい》算」など内容は多彩《たさい》である。

哲学者の鶴見俊輔氏も少年時代に同書で学び、難関《なんかん》の中学受験を突破《とっぱ》したという。「受験勉強の書であるにもかかわらず、人生経験から勉強に入るように仕組まれていた」と（『鶴見俊輔著作集』筑摩書房）。

どうすれば子どもたちが幸せな人生を送れるか。創価教育を提唱《ていしょう》した牧口、戸田両先生の主眼《しゅがん》はそこにあった。受験勉強すらも「人生」や「正しさ」について自《みず》ら考える機会にと促《うなが》したのである。

「たゆまざる　歩《あゆ》みおそろし　かたつむり」（北村西望）。かつて池田先生はこの句を創価学園生に紹介し、「努力の歩みを決して止めてはならない」と訴《うった》えた。環境が大きく変化する中で、一歩を重ねる受験生へのエールにも通じよう。学び続ける人は必ず、青春勝利という頂《いただき》にたどり着ける。

【教育】

「ヘアドネーション」——挑戦した息子と応援した父

2021・3・16

「ヘアドネーション」という活動をご存《ぞん》じだろうか。病《やまい》や事故で頭髪《とうはつ》を失《うしな》った子どもに「ヘア＝髪《かみ》」を「ドネーション＝寄付《きふ》」する取り組みである。31チセン以上の長さが必要だが、年齢《ねんれい》や性別は関係ない。

この活動をテレビで知った香川の少年部員は〝自分も人の役に立ちたい〟と、小学3年から髪を伸《の》ばし始めた。すでに2年以上が経過《けいか》。取り組みを始めた当初、周囲から奇異《きい》な目で見られた。少年は両親に、「学校に行きたくない」と漏《も》らしたことも。

その時、父親が「苦労を共《とも》にしよう」と髪を伸ばすと宣言《せんげん》した。職場は帽子《ぼうし》やヘルメットの着用が原則。汗《あせ》で蒸《む》れ、夏場の暑さは尋常《じんじょう》ではなかった。それでも、〝息子の挑戦《ちょうせん》を何としてもやり遂《と》げさせてあげたい〟と髪を切ることはしなかった。父の応援《おうえん》に、少年は弱音《よわね》を吐《は》かなくなった。

池田先生は、「教育とは子どもたちのために何ができるかという、自《みずか》らの生き方をかけた、大人たちの挑戦にほかならない」と。子どもの生命には、無限の可能性がある。その力《ちから》を引き出すのが、向上への努力を続ける大人の姿《すがた》にほかならない。

この春、少年は苦労を重《かさ》ねて腰《こし》まで伸ばした髪を寄付する。その親子の勝利の証《あか》しは、頭髪を失った子どもだけでなく、多くの人々の心を温かく包《つつ》むに違《ちが》いない。

【教育】

「ダメな子なんか一人もいない」

2021・3・21

かつて「知恵遅《ちえおく》れ」という言葉があった。現在の知的障《しょう》がいを指《さ》すその表現に、「ねむの木《き》学園」設立者の宮城まり子さんはずっと疑問《ぎもん》を覚《おぼ》えていたという。同学園は日本初の肢体《したい》不自由児養護《ようご》施設《しせつ》である。

どんな子にも「かくれた才能（能力）」があると、宮城さんは信じた。知恵が遅れていると捉《とら》えるのではない。本来《ほんらい》無限にある知恵が〝ゆっくり、ゆっくり、育《そだ》っている〟と見るのだ。その〝お手伝い〟をするのが教育ではないか。「ダメな子なんか一人もいない」。それが彼女の信念だった（渡邊弘著『宮城まり子とねむの木学園』潮出版社)。

釈尊《しゃくそん》の弟子・須梨槃特《しゅりはんどく》の故事《こじ》を思い出す。彼はたった14文字の教えを暗唱《あんしょう》するのにも3年を要《よう》し、教団の仲間から軽蔑《けいべつ》された。だが師だけは見放《みはな》さなかった。釈尊の慈愛《じあい》の励《はげ》ましを受け、彼は見事に悟《さと》りを開《ひら》く。

須梨槃特の〝才能〟は師の心を純粋《じゅんすい》に受け止め、一つの修行を「最後までやり抜《ぬ》く力《ちから》」だったのかもしれない。それを仏は見抜《みぬ》いていたのだろう。

きょう21日は宮城まり子さんの没後《ぼつご》1年であり、誕生日《たんじょうび》でもある。生前、本紙の取材にこう語っている。「みんなに『ダメ』と言われている子に幸せをあげたい」。一番苦労した人が一番幸せに――ここに、私たち創価の信念がある。

【人権】

差別や偏見《へんけん》と闘ってきた半生《はんせい》

2019・1・26

ハンセン病回復者の、ある壮年は、病《やまい》への差別や偏見《へんけん》と闘《たたか》ってきた半生《はんせい》を子どもたちに語った後、皆と必ず握手《あくしゅ》をする。「生きる喜びが伝わるように」と願いを込めて。

東京・東村山市の国立ハンセン病資料館で行われた講演会でもそうだった。一人の少女部員の右手に添《そ》えられた壮年の手は、病の後遺症《こういしょう》で変形している。知覚《ちかく》がまひし、ぬくもりを感じない。だが少女には伝わるものがあったのだろう。後日の座談会で感想を語った。「ゴツゴツして、でも温かい感じがして……

みんなのために頑張《がんば》ってきた手だと思いました」

ハンセン病患者《かんじゃ》は明治後期から平成までの約90年間、隔離《かくり》政策の対象とされてきた。過酷《かこく》な労働を強《し》いられ、結婚の条件に断種《だんしゅ》・不妊《ふにん》手術を迫《せま》られた。人間としての感覚が〝まひ〟していたのは、いったい誰《だれ》だったか。

法華経《ほけきょう》に説《と》かれる功徳《くどく》の一つに「身根清浄《しんこんしょうじょう》」がある。妙法を実践する人は、人々の多様な生命状態を鏡《かがみ》に映《うつ》すように、その身で実感できるようになるという。慈悲《じひ》の深さゆえ、感覚が研《と》ぎ澄《す》まされるとも解《かい》せよう。

1月の最終日曜は「世界ハンセン病の日」。今なお社会に残る差別と、どう向き合うかに思いを巡《めぐ》らしたい。先の少女は感想をこう結んだ。「人の痛《いた》みが分かる人になります」

【人権】

テニス・大坂なおみ選手「私は私です」

２０１９・１・29

日本だけでなく中米ハイチも喜びに沸《わ》いているという。今月26日にテニスの全豪《ぜんごう》オープン女子シングルス決勝を制《せい》した大坂なおみ選手の父親が、ハイチ出身だからだ。

大坂選手は大阪生まれのアメリカ育ち。日米の二つの国籍《こくせき》を持つが、今大会は日本登録で出場した。彼女の天真《てんしん》らんまんな振る舞いは国を代表する気負《きお》いを感じさせない。かつて記者会見でこう語っている。「私は自分のアイデンティティーについて深く考えていません。私は私です」

日本は〝均質《きんしつ》的な社会〟といわれる。「日本人」というと皆が同じような髪《かみ》や肌《はだ》の色・言語であるのが「当たり前」と思いがち。だが、その「当たり前」が時に、民族・文化の異《こと》なる人との間に不要な〝壁《かべ》〟をつくり、誤解《ごかい》や偏見《へんけん》を生んではいまいか。

小説『新・人間革命』第24巻に、在日韓国人2世として生きることに葛藤《かっとう》する青年を山本伸一が励《はげ》ます場面がある。「日本人であるとか、韓国人であるとか、悩《なや》む必要はないよ。地球人でいいじゃないか！　広々《ひろびろ》とした心で生きるんだ」と。

44年前の1月26日、グアムの地でSGI発足《ほっそく》の会議に臨《のぞ》んだ池田先生は、署名簿の国籍欄《こくせきらん》に「世界」と記《しる》した。世界宗教の仏法の視座《しざ》から見れば皆、かけがえのない「桜梅桃李《おうばいとうり》」の使命を持った「人間」である。

【人権】

〝顔が見える交流〟が偏見《へんけん》の根を断《た》つ

2019・5・23

2001年の米同時多発テロの発生以降、「ヘイトクライム（憎悪《ぞうお》による犯罪）」が増加傾向《けいこう》にあるという。ニュージーランドのクライストチャーチで起きた事件は記憶《きおく》に新しい。

ヘイトクライムの研究などで、憎悪が増幅《ぞうふく》する構造を5段階で表したピラミッド型の図式がある。一番下の基底部《きていぶ》が「偏見《へんけん》」で、そこから順に「偏見による行為」「差別」「暴力行為」「大量虐殺《ぎゃくさつ》」とエスカレートしていく。

注目すべきは、最初の段階が「偏見」であることだろう。排他的《はいたてき》な暴力は、社会に存在する固定観念や反感を自分の中に取り込み、過熱《かねつ》する中で引き起こされる。ゆえに偏見という根を断《た》つことが、暴力の温床《おんしょう》を断つことにつながる。

英国の歴史家トインビー博士は著書『交遊録《こうゆうろく》』に、トルコの友人との思い出を記《しる》している。英国社会では長い間、トルコ人を「名の知れない食人鬼《しょくじんき》」と見ていた。だが博士はそうした偏見にくみしなかった。トルコへの見方が「常に個人的関係ということが基調《きちょう》になっていた」からである。

人種や国籍《こくせき》など属性《ぞくせい》で人を決め付けることから偏見が生まれる。反対に、相手の〝顔が見える交流〟を広げることが、偏見を止め、対立を抑《おさ》える力になる。対話を通して友情を広げる私たちの運動の意義は、ますます大きい。

【人権】

少しの〝寛容《かんよう》さ〟を社会が持てたら

2019・7・25

ハンバーグを注文したのに、ギョーザが運ばれてきた。コーラを頼《たの》んだらアイスコーヒーが出てきた――そんなレストランがあったら、どうだろう。「注文をまちがえる料理店」。一昨年以降、期日限定で〝認知症《にんちしょう》の人が接客する店〟として開店し、話題になった。実際、6割以上のテーブルで間違《まちが》いがあったという。店先には認知症の人が働く旨《むね》を掲示《けいじ》しているため、来店した客も間違いを温かく受け入れるそうだ。客の9割が「またぜひ来店したい」と答えている。

同店を企画した小国士朗さんは「間違えることを受け入れて、間違えることを一緒に楽しむ。そんな、ほんのちょっとずつの〝寛容さ《かんよう》〟を社会の側《がわ》が持つことができたら」と出店の動機《どうき》を語っている（『注文をまちがえる料理店』あさ出版）。

この店は、いわば〝歩み寄りの場〟といえよう。間違いを恐《おそ》れて周囲の輪から離《はな》れる認知症の人と、認知症の人への接《せっ》し方《かた》に戸惑《とまど》う人。だが心を開いて歩み寄れば、互《たが》いの間に温かな感情が生まれる。人間の不思議さである。

完璧《かんぺき》な人などいないし、間違えたくて間違える人もいない。生活のさまざまな場面で、境遇《きょうぐう》の異《こと》なる相手を理解する寛容さ、温かく見守るゆとりをもつ。そうした心を身の回りから広げれば、社会は少しずつ変わっていく。

【人権】

〝当たり前の日常〟を取り戻《もど》すために

2019・12・22

パン屋がパンを焼《や》けるようになること――そんな〝当たり前の日常〟を取《と》り戻《もど》すことが難民《なんみん》問題の解決だと訴《うった》えたのは、今年、92歳で亡《な》くなった緒方貞子さんである。

日本人初の国連難民高等弁務官《べんむかん》を務《つと》め、イラクのクルド人支援《しえん》、ルワンダ難民など冷戦後の大量難民問題に取り組んだ。国家中心の安全保障《ほしょう》に代わる概念《がいねん》として、あらゆる脅威《きょうい》から人々の生存《せいぞん》や尊厳《そんげん》を守る「人間の安全保障」を提唱《ていしょう》したことでも知られる。

現場主義を貫《つらぬ》き、人々の中に飛び込んでは、一人一人の声をもとに対策《たいさく》を講《こう》じた。その姿が尊敬《そんけい》を集め、アフリカでは子どもに「サダコ」と名付ける人も多いという。緒方さんは「人々の苦しみに接するたびに湧《わ》き上がった怒りと悲しみが、いつでも、この仕事を続ける原動力」と（東野真著『緒方貞子――難民支援の現場から』集英社新書）。

リーダーが現場を知らなければ確かな舵取《かじと》りはできない――人道支援に限《かぎ》らず、あらゆる運動の鉄則《てっそく》だ。広布の現場でも全《まった》く同じである。リーダーが最前線で同志に寄《よ》り添《そ》い、共に悩《なや》み戦ってこそ、新しい時代を開く知恵《ちえ》と力《ちから》が湧く。

今、緒方さんの志《こころざし》を継《つ》ぎ、人道支援の分野で献身《けんしん》する日本人が増えているという。真剣な「一人」の行動によって、世界は少しずつ変わっていく。

【人権】

〝魂《たましい》のよりどころ〟を探す

2020・6・18

アメリカの作家ヘイリーの小説『ルーツ』は、アフリカ系《けい》アメリカ人一家の歴史を描《えが》いたもの。黒人の奴隷《どれい》問題を扱《あつか》った物語で、1970年代のアメリカ社会に、最も影響《えいきょう》を与《あた》えた作品の一つといわれる。

小説はテレビドラマ化され、日本でも放映《ほうえい》された。多くの人々が自身の「ルーツ探《さが》し」を始め、社会現象にもなった。「ルーツ」には「根《ね》」という意味もある。「自分のルーツ」を追い求めることは、〝魂《たましい》のよりどころ〟を探すことでもあろう。

小説『新・人間革命』第1巻「錦秋《きんしゅう》」の章に、山本伸一がアメリカ・シカゴの座談会で質問に答える場面がある。肌《はだ》の色の違《ちが》いなど、「ルーツ」にこだわっていた青年に対して、〝私たちの究極《きゅうきょく》のルーツとは、「地涌《じゆ》の菩薩《ぼさつ》」である〟と訴えた。

法華経《ほけきょう》には「地涌の菩薩」について「其《そ》の心に畏《おそ》るる所《ところ》無《な》し」と説《と》かれる。「畏るる」とは、自分と他者との間に「壁《かべ》」をつくる心の働き。人種や民族など、あらゆる差異《さい》を超《こ》え、自他共《じたとも》の幸福と世界平和の実現へ行動するのが「地涌の菩薩」といえよう。

仏法の思想から見れば、誰《だれ》もが尊《とうと》い使命を持った同じ「人間」だ。だからこそ、一切《いっさい》の差別、一切の暴力を否定《ひてい》する――それは、「地涌の菩薩」をルーツとする、私たちの変わらぬ信念である。

【人権】

「地球民族主義」を掲《かか》げて進む使命

２０２０・８・26

アメリカ公民権《こうみんけん》運動の指導者キング博士が「ワシントン大行進」で歴史的演説を行《おこな》ったのは、１９６３年8月のこと。

演説の有名な一節がある。「私には夢がある。それは、いつの日か……かつて奴隷《どれい》だった人の子孫《しそん》と、奴隷の主《あるじ》だった人の子孫が、兄弟として同じテーブルに座《すわ》るようになること」。57年の時を経《へ》た今、博士の「夢」はどれだけかなっただろう。

いまだ世界には、不信と対立の暗雲《あんうん》が垂《た》れ込《こ》めている。パグウォッシュ会議のスワミナサン元会長は警告《けいこく》した。「若《わか》い人の心の中に、早い段階《だんかい》で〝憎悪《ぞうお》の種《たね》〟が植《う》えられてしまえば、それが増幅《ぞうふく》され、暴力の実行者となってしまう」。ゆえに元会長は、世界規模《きぼ》で青年たちの心に〝信頼《しんらい》と友情の種〟をまき、兄弟・姉妹のように結《むす》び付ける池田先生のリーダーシップに絶大《ぜつだい》な信頼を寄せてきた。

SGIでは、紛争《ふんそう》の絶《た》えない地域の出身者同士が、同じ場所で平和を祈ることもある。その事実を知り、驚嘆《きょうたん》する識者も多い。

「人間を信じる」――口《くち》にするのは簡単《かんたん》だが、この姿勢《しせい》を貫《つらぬ》くのは難《むずか》しい。しかし、思想・宗教《しゅうきょう》、国家、民族などあらゆる差異《さい》を超《こ》えて心を結ぶ哲理《てつり》と行動が、今ほど求められている時はない。「地球民族主義」を掲《かか》げて進む私たちの使命は大きい。

新・名字《みょうじ》の言《げん》 選集《せんしゅう》〈新時代編 3〉

2021年7月17日　初版第1刷発行

編　者　聖教新聞社
発行者　大島光明
発行所　株式会社　鳳書院
〒101-0061 東京都千代田区神田三崎町2-8-12
電話番号　03-3264-3168（代表）
印刷所・製本所　図書印刷株式会社

Printed in Japan 2021
ISBN 978-4-87122-199-3
落丁・乱丁本はお取り替えいたします。小社営業部宛にお送りください。
送料は当社で負担いたします。